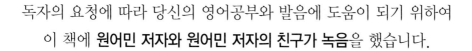

독자의 요청에 따라 당신의 영어공부와 발음에 도움이 되기 위하여
이 책에 **원어민 저자와 원어민 저자의 친구가 녹음**을 했습니다.

Thomas Frederiksen

남자 부분의 녹음은 이 책의 저자이며 착한
영어 시리즈 형제 중의 한 사람인 토마스입
니다.
코펜하겐 비즈니스 스쿨 학사, 석사.

드라마 및 영화 배우
EBSlang 기본생활영어 인터넷 강의
eduTV 착한여행영어 강의

Natalie Grant

여자 부분의 녹음은 미국 애리조나주 출신
으로 현재 국제관계학의 석사 학위를 가지
고 있으며, 서울에서 영어를 가르치고 있는
내털리 입니다.

㈜진명출판사 book@jinmyong.com으로 메일을 주시면 MP3파일을 보내드립니다.

 **(주)진명출판사**

토마스와 앤더스의

착한 생활영어

초판 발행 | 2015년 12월 31일
5쇄 발행 | 2024년 3월 10일

저　　　자 | Thomas & Anders Frederiksen
번　　　역 | Carl Ahn
발　행　인 | 안광용
발　행　처 | ㈜진명출판사
등　　　록 | 제10-959호 (1994년 4월 4일)
주　　　소 | 서울시 마포구 양화로 156, 1517호(동교동, LG팰리스빌딩)
전　　　화 | 02) 3143-1336 / FAX 02) 3143-1053
이　메　일 | book@jinmyong.com
총 괄 이 사 | 김영애
마　케　팅 | 최여진 김종규
디　자　인 | 디자인스웨터

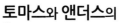
토마스와 앤더스의

착한 생활영어

Pure and Simple English Conversation

저자 | Thomas & Anders Frederiksen
번역 | Carl Ahn

ViM (주)진명출판사

이 책의 출간을 축하하며...

여행과 영어, 그리고 도전과 모험이라는 같은 취미를 가진 영팝 Brothers와 제가 '영어회화 파파라치 시리즈"를 만들기 시작한지 어느 덧 5년이 흘렀습니다.

첫 번째 : 여행 영어 회화 (Travel English)
두 번째 : 영어 파파라치 (English Paparazzi)
세 번째 : 1,2,3 쉬운 생활 영어 (Easy Everyday English)
네 번째 : 영어로 쓴 여행일기 (English Travel Diary)
다섯 번째 : 착한 영문법 (Pure and Simple Grammar)
여섯 번째 : 착한 생활 영어 (Pure and Simple English Conversation)

시리즈 중 첫 번째 여행 영어회화(Travel English)와 1,2,3쉬운 생활영어(Easy Everyday English)는 중국과 일본에 판권 수출을 하였고 일본 IBC Publishing INC 에서는 이미 "一番 シンプルな英語の答え方"라는 제목으로 출간되었습니다.

이번에 탄생하는 착한 생활영어(Pure and Simple English Conversation)는 독자 여러분 중 누구나 될 수 있는 "민수"가 뉴욕에서 1년간 생활하며 중학교에서 배운 쉬운 단어들로, 여러 상황들을 쉽고 다양하게 표현할 수 있도록 구성하였습니다.

이 책 탄생의 주역들인 저자 Thomas & Anders와 번역을 도와주신 현장에서 영어를 가르치는 최현정(Monica)과 김영신(Canada Calgary 거주) 편집 디자인을 맡아 주신 다원기획 이승연실장에게도 감사를 전합니다.

무엇보다 이책을 선택해 주신 선생님들, 독자분들께 감사를 드립니다.

㈜ 진명출판사
대표이사 안 광용

영어뿐 아니라 모든 외국어는 이렇게 배워야하는 것이다!!

이 책이 다른 영어회화책과 다른점은, 생생한 미국의 '현지'를 담고자 주력한 것이다.
미국 사회 속에서 좌충우돌 소통하며 서바이벌하는 주인공을 자신과 동일시하며 영어를 생생하게, 재미있게 배울 수 있다는 점이 참 좋다!

– 한국외국어대 강덕수 교수 –

| 경력 |

- 언어학 박사
- 한국외국어대학교 노어과 교수
- 러시아 북동연방대학교 명예교수
- 미국 위스콘신 대학교 대학원 슬라브어문학과 졸업
- 한국외국어대학교 졸업

- 한국음운론학회 회장 역임
- 한국슬라브학회 회장 역임
- 한국–사하친선협회 회장

Imagine you have just arrived in Boston, Sydney, Vancouver, London or New York.

Maybe you're here to study. Maybe you're on vacation or visiting a friend. Maybe you've moved here to start your dream job. Maybe your new boyfriend or girlfriend lives here ...Regardless of why you're here, your feeling at this moment is the same:

PANIC!

As you approach the bus driver, the counter at the fast food restaurant, the lady selling movie tickets, you feel your throat tightening and your hands getting sweaty ~ what should you say to them??

... NEVER FEAR ...

"Thomas and Anders' Pure and Simple English Conversation" is here to guide you through all of life's everyday situations... in English!

This book follows the story of Park Minsu, an ordinary Korean man who has just moved to New York City. As Minsu settles in, meets new people, finds a job, and starts his new English life, his friends Thomas and Anders are there to provide him all the useful phrases he needs.

Each example in this book offers 4 variations of the same situation, to make his (and your) English more diverse. Additionally, there are themed sections and exercises at the end of every chapter, to broaden your understanding of what you've learned.

Get ready to go anywhere and say anything, as you enjoy life's everyday situations with "Thomas and Anders' Pure and Simple English Conversation"!

여러분들이 보스톤, 시드니, 밴쿠버, 런던 혹은 뉴욕에 방금 도착했다고 상상해 보십시오.

이곳에 공부하러 왔을 수도 있겠고 방학을 맞아 친구를 방문하러 왔을 수도 있겠지요. 아니면 꿈에 그리던 일자리의 시작을 위해 또는 여러분들의 남친이나 여친이 이곳에 살고 있을 수도 있고요. 그 어떤 이유든 막론하고 지금 여러분들의 기분은 동일할 것입니다…

멘붕!!!

버스 운전사에게, 패스트푸드 레스토랑에서, 혹은 표를 파는 직원에게 말을 걸어야 할 때
여러분들은 목이 메여오고 손에서는 땀이 흥건해지는 그런 느낌이 들겠지요. "ㅠㅠ 난감하네…
이럴 땐 뭐라고 말해야 하지 --;; ??"

그러나 두려워하지 마십시오!

"토마스와 앤더스의 착한 생활영어"가 매일의 일상생활에서 벌어질만한 모든 상황의 지침이 되기 위해서 여기에 있습니다. 물론… 영어로 말이죠!
이 책은 막 뉴욕에 도착한 박민수라는 평범한 한국 청년의 이야기로 펼쳐집니다.
민수가 뉴욕에 정착하며 새로운 사람들을 만나고, 일자리를 찾고, 새로운 영어의 삶을 시작할 때 토마스와 앤더스가 그에게 필요한 모든 유용한 표현들을 알려줍니다.
이 책의 각 예문들은 여러분의 다양한 영어 표현 능력을 위하여 동일한 상황에서의 4가지의 표현들을 안내합니다. 추가로 각 과 후반부에 학습한 내용의 이해와 확장을 위하여 Extra lesson 과 연습문제와 예습문제(말하기 쓰기)를 넣었습니다.
자, 이제 "토마스와 앤더스의 착한 생활영어"와 함께 일상생활에서의 다양한 상황을 즐기며 어디로든 떠나고 어떤 말이든 할 준비를 하세요!

1년 동안 뉴욕에 살게된 민수의 생활일기를 통해, 각 단원의 주제를 자연스럽게 만나며 살아있는 일상의 영어회화 세계로 함께 떠나봅니다! 총 400여개의 상황을 멀티로 학습하며 회화 학습의 흥미를 더하고 스스로 원리를 이해할 수 있습니다. 예기치 않은 다양한 상황이 발생해도 전혀 두렵지 않아요!

주요 일기 내용 중 언급된 주제. 기존 어휘와 새 어휘를 사용한 문장들을 소개합니다.

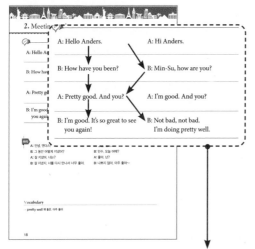

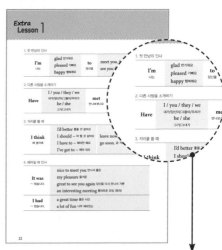

핵심 표현들이 '4개의 가로와 4개의 세로로 구성된 표' 안에 들어있어요.
A,B 순서에 맞게 아래방향으로 읽어도 완벽한 대화가 이루어지고, A,B 순서에 맞게 왼쪽에서 오른쪽 방향으로 읽어도 자연스러운 대화가 성립되는 것이 이 책의 놀라운 비법!

모든 단원의 마지막 장에는 'Extra Lessons'가 있어요. 꼭 알아둬야할 문법과 단어, 관련 표현들을 짚어주며 상세히 설명합니다.

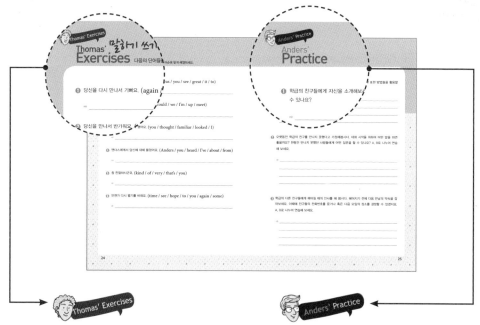

- Thomas' Exercises

  각 단원의 주요 학습 내용을 진단하고
  보습할 수 있어요.

- Anders' Practice

  각 단원의 주요 학습 내용을 바탕으로
  실제적인 대화 연습을 할 수 있어요.

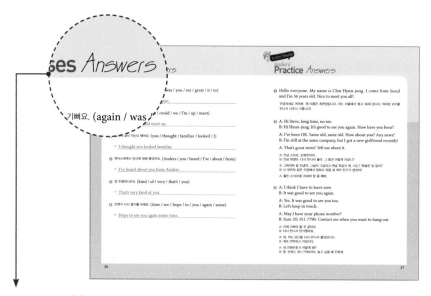

- Answers 정답

Thomas' Exercises의 정답과 Anders' Practice의 예문들이 상세히 수록, 안내되어 있습니다.

목 | 차

01

GREETINGS AND GOODBYES

만났을 때의 인사와 헤어질 때의 인사

July 16th

Wow, I've finally made it to New York!!
I'm so excited to be here!
Although I've only been in America for a few days, I've already met many new people. People are so friendly here, and everywhere I go, I hear someone ask me "How are you?" ^^

Min-Su

7월 16일

와우! 드디어 뉴욕에 도착했어!
이곳에 오니 정말 흥분돼!
이곳에 온 지 겨우 며칠 지났는데 벌써 많은 새로운 사람들을 만났어.
여기 사람들은 다들 친근하고 나는 어디를 가든 사람들이 나에게 "안녕?" 하며 인사하는 소리를 들어.

민수

1. Meeting new people

A: Pleased to meet you.	A: Nice to meet you.
B: Me too.	B: Nice to meet you too.
A: What's your name?	A: I've heard a lot about you from Anders.
B: I'm Min-Su.	B: Me too. I'm glad to finally meet you.

A: 만나서 반갑습니다.

B: 저도요.

A: 성함이 어떻게 되세요?

B: 저는 민수입니다.

A: 뵙게 되어 반갑습니다.

B: 저도 당신을 만나서 반갑습니다.

A: 앤더스에게서 당신에 대해 얘기 많이 들었습니다.

B: 저도요.
마침내 당신을 만나게 되어 반갑습니다.

Vocabulary

• glad[glæd] 기쁜, 기꺼이… 하려는

• finally[fáinəli] 마침내, 결국

A: How do you do?

A: Hi there!

B: How do you do. I'm Min-Su.

B: Have we met before?

A: Min-Su!
That's a very pretty/
interesting/unusual name.

A: No, but I've heard about you
from Anders.
You're Thomas, right?

B: Thanks.
That's very kind of you.
It's Korean, actually.

B: Right!
Ah, you must be Min-Su.
Anders told me about you too.

해석

A: 처음 뵙겠습니다.

B: 처음 뵙겠습니다. 민수라고 합니다.

A: 민수씨. 매우 예쁜/흥미로운/독특한
이름이로군요

B: 감사합니다. 참으로 친절하시네요.
사실 저는 한국사람입니다.

A: 안녕?

B: 우리 전에 만난 적이 있지?

A: 아니. 하지만 앤더스에게서 너에 대해 얘
기 많이 들었어.
네가 토마스로구나, 맞지?

B: 맞아!
아, 네가 민수구나. 앤더스가 나에게 너에
대해서도 얘기를 해줬어.

Vocabulary

- pleased[pliːzd] 기쁜, 기뻐하는, 만족해하는
- unusual[ʌnjúːʒuəl] 특이한, 흔치 않은, 드문

2. Meeting again

A: Hello Anders.	A: Hi Anders.
B: How have you been?	B: Min-Su, how are you?
A: Pretty good. And you?	A: I'm good. And you?
B: I'm good. It's so great to see you again!	B: Not bad, not bad. I'm doing pretty well.

 해석

A: 안녕, 앤더스!
B: 그 동안 어떻게 지냈어?
A: 잘 지냈어. 너는?
B: 잘 지냈지. 너를 다시 만나서 너무 좋아.

A: 안녕, 앤더스.
B: 민수, 오늘 어때?
A: 좋아. 넌?
B: 나쁘지 않아, 아주 좋아~

Vocabulary

• pretty well 꽤 좋은, 아주 좋아

2. 다시 만나기

A: Anders! Long time, no see.

A: Anders, what's up?

B: Right! How are you today?

B: We've met before, haven't we?

A: I'm fine. Anything special happening these days?

A: Right.
I thought you looked familiar.

B: Not really.
Same old, same old.

B: It's been so long.
I'm glad to see you again.

A: 앤더스! 오랜만이야.

B: 그래! 오늘 어때?

A: 난 좋아. 요새 뭐 특별한 일은 없고?

B: 별로 없어.
그날이 그날이고 만날 똑같지 뭐.

A: 앤더스, 안녕?

B: 우리 전에 만난 적 있지, 그렇지?

A: 응. 낯이 익다 했어.

B: 오랜만이네. 다시 만나 반가워.

Vocabulary

- happening[hǽpniŋ] 일이 일어나다
- same old. same old (사정이 변함이 없고) 늘 똑같다
- familiar[fəmíljər] ~을 아주 잘 아는, ~에 익숙한

3. Saying goodbye

A: I think I'd better go now. It's getting late.

A: I think it's time for me to say goodbye.

B: It was nice to meet you.

B: It was great to see you again.

A: Hope to see you again some time.

A: Let's exchange numbers.

B: Yes, keep in touch! I'll definitely contact you again.

B: OK. Mine is 631-2723. What's yours?

 해석

A: 이제 가야겠어요. 늦었네요.

B: 만나서 반가웠어요.

A: 다음에 다시 만나길 바래요.

B: 네, 연락주세요.
   저도 꼭 다시 당신에게 연락할게요.

A: 이제 헤어져야 할 시간이에요.

B: 다시 만나서 반가웠어요.

A: 서로 전화 번호 주고받읍시다.

B: 그래요. 제 번호는 631-2723입니다.
   당신의 번호는요?

I'll surely contact you. (X) → I'll definitely contact you. (O)
무엇인가가 틀림없는 사실일 때, 특별히 다른 사람들이 동의하지 않을 경우에는 'surely' 라는 단어를 사용하여 말하세요. 'definitely'는 어떤 일이 벌어질 경우에 대한 확신을 말할 때 사용한답니다.

3. 헤어질 때의 인사

A: I've gotta run now!

A: I have to leave soon. I have another appointment at 5.

B: I'm glad we could meet up. I had a great time.

B: Thanks for taking the time to see me.

A: Let's meet up again soon.

A: Don't be silly. It was my pleasure.

B: I'd love to.

B: Don't be a stranger. (비격식)

 해석

A: 이제 가야겠어.
B: 만날 수 있어서 좋았어. 좋은 시간이었어.
A: 조만간 다시 만나자.
B: 나도 좋아.

A: 이제 가야겠어.
　 5시에 또 다른 약속이 있거든.
B: 시간 내서 만나줘서 고마워.
A: 무슨 소리야~ 내가 더 고맙지.
B: 연락하고 지내자.

Vocabulary

- stay/keep in touch (~와 편지·전화로) 연락하고 지내다(연락하다)
- exchange numbers 서로 전화 번호를 주고 받다
- have to run/gotta run (헤어질 때) 이제 가봐야겠어요
- I'd = I would의 줄임말
- gotta[gάːtə] = got to, 또는 got a를 발음대로 철자한 것

21

1. 첫 만남의 인사

I'm 나는	glad 반가워요 pleased 기뻐요 happy 행복해요	**to** 당신을	meet you. 만나게 되어 see you (again). 다시 만나게 되어

2. 다른 사람을 소개하기

Have	I / you / they / we 내가/당신이/그들이/우리가 he / she 그가/그녀가	**met** 만나보셨나요	me/you/him/her 나를/당신을 그를/그녀를 them/us ? 그들을/우리를?

3. 자리를 뜰 때

I think 제 생각에	I'd better 좋을 것 같아요 I should ~ 야 할 것 같아요 I have to ~ 해야만 해요 I've got to ~ 해야 되요	leave now. 이만 가는 것 go soon. 곧 가다

4. 헤어질 때 인사

It was ~ 었습니다.	nice to meet you 만나서 좋은 my pleasure 즐거운 great to see you again 당신을 다시 만나서 기쁜 an interesting meeting 흥미로운 모임 (회의)
I had ~ 었습니다.	a great time 좋은 시간 a lot of fun 너무 재미있는

1. How are you? vs. How have you been?

어때요(안녕하세요)? vs. 그 동안 어땠어요(어떻게 지냈어요)?

· **How are you?** : 상대의 현재의 감정이나 몸의 상태를 질문할 때 사용합니다.

A: Hey Steve, how are you?

A: 이봐 스티브. 오늘 좀 어때?

B: I'm not bad. Just a bit tired, but apart from that, I feel fine.

B: 그리 나쁘지 않아. 약간 피곤한데 그것만 빼고는 좋아.

· **How have you been?** 상대를 마지막으로 만난 이후로 어떤 상태였는지를 물어볼 때 사용합니다.

A: Hey Steve, how have you been?

A: 이봐 스티브. 그 동안 어떻게 지냈어?

B: I've been good. I've been busy with work, but I feel pretty happy.

B: 잘 지냈어. 일 때문에 꽤 바빴지만 기분이 꽤 좋아.

2. Meet you vs. see you

처음 만나서 vs. 다시 만나서

주로 누군가를 처음 만날 때 "반갑습니다." 라는 의미로 "(I'm) glad to meet you."라고 말합니다. 보통 두번째부터 만날때는 meet라는 동사는 안쓰고, see를 쓴다.

It's good to see you (again). 다시 만나니 반갑네요.

I haven't seen you for a long time. 오랜만에 뵙네요.

그러나 "meet" 동사는 여전히 계획된 만남을 의미하며 사용되기도 합니다.

Do you want to meet this Saturday?　　(O)

Do you want to see this Saturday?　　(X)

이번 토요일에 만날래요?

❶ 당신을 다시 만나서 기뻐요. (again / was / you / see / great / it / to)

➡ _____

❷ 당신을 만나서 반가워요. (glad / could / we / I'm / up / meet)

➡ _____

❸ 당신이 낯이 익는다 했어요. (you / thought / familiar / looked / I)

➡ _____

❹ 앤더스에게서 당신에 대해 들었어요. (Anders / you / heard / I've / about / from)

➡ _____

❺ 참 친절하시군요. (kind / of / very / that's / you)

➡ _____

❻ 언젠가 다시 뵙기를 바래요. (time / see / hope / to / you / again / some)

➡ _____

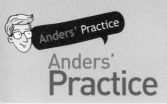

❶ 학급의 친구들에게 자신을 소개해보세요. 처음 누군가를 만났을 때 어떤 표현 방법들을 활용할 수 있나요?

➡ _____

_____

_____

_____

❷ 오랫동안 학급의 친구를 만나지 못했다고 가정해봅시다. 대화 시작을 위하여 어떤 말을 하면 좋을까요? 한동안 만나지 못했던 사람들에게 어떤 질문을 할 수 있나요? A, B로 나누어 연습해 보세요.

➡ _____

_____

_____

_____

❸ 학급의 다른 친구들에게 헤어질 때의 인사를 해 봅시다. 헤어지기 전에 다음 만남의 약속을 잡아보세요. 이때에 친구들의 전화번호를 묻거나 혹은 다음 모임의 장소를 결정할 수 있겠지요. A, B로 나누어 연습해 보세요.

➡ _____

_____

_____

_____

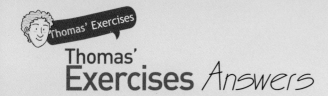
① 당신을 다시 만나서 기뻐요. (again / was / you / see / great / it / to)

➡ It was great to see you again.

② 당신을 만나서 반가워요. (glad / could / we / I'm / up / meet)

➡ I'm glad we could meet up.

③ 당신이 낯이 익는다 했어요. (you / thought / familiar / looked / I)

➡ I thought you looked familiar.

④ 앤더스에게서 당신에 대해 들었어요. (Anders / you / heard / I've / about / from)

➡ I've heard about you from Anders.

⑤ 참 친절하시군요. (kind / of / very / that's / you)

➡ That's very kind of you.

⑥ 언젠가 다시 뵙기를 바래요. (time / see / hope / to / you / again / some)

➡ Hope to see you again some time.

Anders' Practice Answers

❶ Hello everyone. My name is Choi Hyun-jung. I come from Seoul and I'm 36 years old. Nice to meet you all!

안녕하세요 여러분. 제 이름은 최현정입니다. 저는 서울에서 왔고 36세 입니다. 여러분 모두를 만나서 너무나 기쁩니다!

❷ A: Hi Steve, long time, no see.
B: Hi Hyun-jung. It's good to see you again. How have you been?

A: I've been OK. Same old, same old. How about you? Any news?
B: I'm still at the same company, but I got a new girlfriend recently!

A: That's great news! Tell me about it.

A: 안녕 스티브. 오랫만이야.
B: 안녕 현정아. 다시 만나서 좋아. 그 동안 어떻게 지냈니?

A: 그럭저럭 잘 지냈어. 그날이 그날이고 맨날 똑같지 뭐. 너는? 특별한 일 없어?
B: 난 여전히 같은 직장에서 일하고 요즘 새 여자 친구가 생겼어!

A: 좋은 소식이네! 자세히 말 좀 해봐.

❸ A: I think I have to leave now.
B: It was good to see you again.

A: Yes. It was good to see you too.
B: Let's keep in touch.

A: May I have your phone number?
B: Sure. It's 351-7790. Contact me when you want to hang out.

A: 이제 가봐야 할 것 같아요.
B: 다시 만나서 반가웠어요.

A: 네. 저도 당신을 다시 만나서 좋았답니다.
B: 계속 연락하고 지냅시다.

A: 네 전화번호가 어떻게 돼?
B: 응. 번호는 351-7790이야. 놀고 싶을 때 전화해.

02

HOME

집

July 24th

Great news! I finally have my own home here in America!
At first, it was stressful to find a place to live. But then I went to a real estate office. They helped me find the perfect apartment! Since I didn't have a lot of things with me, I asked a few friends to help me move my belongings.
Now, I'm getting to know all of my new neighbors. It's so nice to have my own place!

Min-Su

7월 24일

좋은 소식! 마침내 이곳 미국에서 나의 새 집을 구했어!
처음에는 살 곳을 구하는 것이 참 신경 쓰였는데 결국 부동산에 갔었지.
부동산에서 나에게 딱 맞는 집을 구해주었어! 세간살이가 많지 않았기 때문에 나는 친구 몇 명에게 이삿짐 옮기는 것을 부탁했어.
이제 난 이웃들에 대하여 조금씩 알아가는 중이야.
나만의 공간이 생기니 정말 좋아!

민수

1. Real estate

A: You can choose a furnished or unfurnished room.

A: The monthly rent is $450 plus utilities.

B: What is included in the furnished room?

B: What are the utilities?

A: A bed, a dresser, and a desk.

A: Water, electricity, and internet connection.

B: I'll take the unfurnished room. I already have my own furniture.

B: Sounds good. Please write up a contract.

해석

A: 당신은 가구가 딸린 혹은 가구가 없는 방 (집)을 선택하실 수 있습니다.

B: 가구가 달린 방에는 무엇이 포함되어 있나 요?

A: 침대, 서랍장, 그리고 책상이 있습니다.

B: 저는 제 가구가 있으니 가구가 없는 (방)집 으로 할게요.

A: 임대료는 월 450불에 공공요금(관리비) 별 도입니다.

B: 관리비 내역은 무엇인가요?

A: 수도세, 전기요금, 그리고 인터넷 요금입니 다.

B: 괜찮네요. 계약서 씁시다.

1평 = 3.3제곱 미터 = 3.9 스퀘어 야드 = 35.5 스퀘어 피트

A: The tenants pay the landlord at the end of the month.

B: Do I have to pay a deposit on the first month?

A: Yes, the deposit is two months' rent. It will be paid back when you move out.

B: All right. I will transfer the money to the landlord's bank account.

A: The facilities include a private pool and an indoor parking garage.

B: What is your policy on pets?

A: Pets are not permitted in this building.

B: Then I have to decline. I can't live without my dog.

 해석

A: 세입자가 집주인에게 매월 말일에 지불하면 됩니다.

B: 첫 달에 보증금을 내야 하나요?

A: 네, 보증금은 2달치 임대료이며 이사 나갈 때 돌려드립니다.

B: 좋습니다. 집주인의 계좌로 송금하겠습니다.

A: 편의 시설에는 전용 수영장과 실내 주차장이 있습니다.

B: 애완동물에 대한 규정(방침)은 무엇인가요?

A: 이 건물에서 애완동물은 금지입니다.

B: 그렇다면 안되겠네요. 저는 제 강아지 없인 못살거든요.

Vocabulary

- furnished [fə́:rniʃt] 집, 방등이 가구가 비치된
- utility [[juːtíləti] 수도, 전기, 가스등의 공공 요금
- landlord [lǽndlɔ:rd] 집주인, 임대주
- transfer [trænsfə́:] 옮기다, 이동하다
- policy [púləsi] 정책, 방침

- furniture [fə́:rnitʃər] 가구
- tenant [ténənt] 세입자
- deposit [dipázit] 집 전세 보증금, 예치금, 착수금
- facility [fəsíləti] 설비, 시설, 편의 시설
- permitted [pərmít] 허용 가능

31

2. Housewarming / Talking about homes

A: I'd like to invite you to my housewarming party.

B: Wow, you have a new house?

A: Yes, I just moved in last week. I still haven't unpacked everything.

B: OK, send me a map on my phone so that I can find it easily.

A: Can you make it to my housewarming party on Tuesday?

B: I didn't know you had a new home! How big is it?

A: It's about 550 square feet.

B: That sounds like a perfect size for one person.

해석

A: 저희 집 집들이에 초대할게요.

B: 새 집을 구하셨어요?

A: 네, 지난 주에 이사했어요. 아직 짐을 다 풀지는 못했어요.

B: 좋아요. 집을 잘 찾아 갈 수 있도록 제 전화로 지도를 보내주세요.

A: 화요일 저의 집 집들이에 오실 수 있나요?

B: 새 집을 구하셨는지 몰랐네요. 집이 큰가요?

A: 약 550 제곱 피트쯤 되요.
   (1평 = 3.3㎡ / 약 15평)

B: 혼자 살기엔 딱 알맞은 크기네요.

HOUSE : 우리가 거주하는 물리적인 건물을 강조합니다.
HOME : 우리가 거주하는 일반적인 가정을 강조합니다.
'house'는 오직 건축물을 칭하지만 'home'는 감정적인 측면 또한 내포하고 있습니다. 이것이 바로 우리가 "저는 집으로 가고 있어요."라고 말할 때 "I'm going to my house."가 아닌 "I'm going home." 이라고 말하는 이유이죠.

2. 집들이와 집에 대하여 말하기

A: Would you like to come over to my new apartment?

B: Are you living by yourself?

A: No, I'm sharing a studio with 3 people.
But I have my own room.

B: Ok. I hope it won't be too crowded.

A: Hey, why don't we hang out at my new place?

B: Sounds good. Where is it located?

A: The address is: 16 Franklin Street, in Brooklyn. I live in room number 23.

B: Wow, you're living in an expensive neighborhood.

 해석

A: 제가 새로 이사한 아파트에 놀러 오실래요?

B: 혼자 살아요?

A: 아뇨. 3명하고 함께 살아요.
하지만 저는 방을 혼자 사용해요.

B: 네. 너무 복잡하지 않으면 좋겠네요.

A: 제 새 집에서 놀지 않을래요?

B: 좋아요. 주소가 뭐예요?

A: 부룩클린에 있는 프랭클린가 16이에요.
저는 23호에 살고요.

B: 와우! 비싼 동네에 사시는군요.

Vocabulary

- housewarming (party) 집들이
- studio[stjúːdiòu] (예술가·사진사의) 작업실, 촬영소, (방 하나로 된) 단칸 아파트
- crowded[kráudid] (사람들이) 붐비는, 복잡한
- located[lóukeit] / location[loukéiʃən] ~ 곳에 위치한 / 장소, 위치
- neighborhood[néibərhùd] 근처, 이웃 사람들
- unpack[ʌnpǽk] (여행 가방 등에 든 것을) 꺼내다, (짐을) 풀다
- hang out (~에서) 시간을 보내다, 어울려 놀다

33

3. Moving in

A: Where should we put this couch?

A: Where does this lamp go?

B: Let's put it up against the wall.

B: Over there, in the corner.

A: Then what about the TV?

A: There's already a plant here.

B: Put it across from the couch.

B: Then move the plant near the window.

 해석

A: 이 소파는 어디에 놓을까?
B: 이것은 벽에 붙여놓자.
A: 그러면 TV는 어떻게 할까?
B: 소파 맞은편에 놓자.

A: 이 전등은 어디에 놓을까요?
B: 저쪽 구석에 놓자.
A: 여기는 이미 화분이 있어요.
B: 그렇다면 화분을 창문 쪽으로 옮기자.

방향을 나타내는 가장 유용한 전치사들

• across from[əkrɔ́ːs] ~의 건너편, 맞은 편
• (up) against[əgénst] ~에 기대어
• under 아래에
• behind 뒤에

• next to / beside 옆에, 곁에,
• above ~의 위에, 위쪽,
• on top of ~의 맨 꼭대기, 위에,

3. 이사하기

A: Where should I hang this frame?

A: Where do you want this box of clothes?

B: Hang it above the TV.

B: Just toss it anywhere.

A: I don't think there's enough space.

A: Should I put it in the closet?

B: Then put it beside my bed. I'll hang it up later.

B: Yes, leave it there for now.

 해석

A: 이 액자는 어디에 걸지?
B: TV위쪽에 걸어줘.
A: 공간이 넉넉하지 않은 것 같은데.
B: 그러면 내 침대 곁에 놔줘.
　　나중에 내가 걸게.

A: 이 옷상자 어디에 놓아줄까?
B: 그냥 아무데나 던져놔줘
A: 옷장 안에다 놓을까?
B: 응, 지금은 거기에 놔줘.

Vocabulary

• hang[hæŋ] 걸다, 매달다: 걸리다, 매달리다
• closet[klázit] 벽장, 옷장
• for now 당분간(은), 우선은

• toss[tɔːs] (가볍게 · 아무렇게나) 던지다
• leave something ~를 남기다, 놔두다

35

4. Meeting neighbors

A: Welcome to the neighborhood.

A: Are you new here?

B: Thanks.
We just moved in last week.

B: Yes, we're moving into #205 today.

A: If you need any help, just come by and knock on our door.

A: Oh, that's next door to us. We'll be neighbors!

B: Thanks!
That's very kind of you.

B: I hope we'll be seeing a lot of each other.

 해석

A: 이 동네에 이사 온 것을 환영해요.

B: 감사합니다.
저희는 지난주에 이사 왔어요.

A: 도움이 필요하시면 저희 집에 오셔서 문을 두드리세요!

B: 감사합니다. 너무 친절하시네요!

A: 이 동네 이사 오셨나요?

B: 네, 오늘 205호에 이사 왔어요.

A: 아이고, 우리 옆집이시네요.
우린 이웃이로군요.

B: 서로 자주 뵙기를 바래요.

가족 전체에 대하여 말하기

• The Kim family 김씨 일가족 = the Kims (← 복수형)

• The Jefferson family 제퍼슨 일가족 = the Jeffersons (← 복수형)

4. 이웃들 만나기

A: Hi, we're the Kims.

B: Pleased to meet you.
We're the Jefferson family.

A: Why don't you come over to our place later for a drink?

B: We'd love to!
Thank you for making us feel welcome here.

A: Welcome to Orange Grove Apartments.

B: Thanks. I just moved here with my wife and our two daughters.

A: Really?
We have two kids as well.
One son and one daughter.

B: That's great.
Maybe we can arrange a play date sometime.

해석

A: 안녕하세요, 저희는 김씨 가족입니다.

B: 반갑습니다. 저희는 제퍼슨 가족입니다.

A: 다음에 저희 집에 오셔서 한 잔 하시는 거 어떠세요?

B: 너무 좋지요!
저희를 환영해 주셔서 감사합니다.

A: 오렌지 그로브 아파트에 이사 오신 것을 환영합니다.

B: 감사합니다. 저는 집사람과 두 딸과 함께 이사 왔습니다.

A: 정말요? 저희도 두 아이들이 있습니다. 아들 하나 그리고 딸 하나요.

B: 좋네요.
언제 날 잡아서 같이 놀아야겠네요.

Vocabulary

- knock on our door 문을 (똑똑) 두드리다
- come over for a drink 술 등을 한 잔 마시러 오다
- play date 아이들이 함께 놀 수 있도록 부모끼리 정한 약속
- neighbors[néibər] 이웃(사람): 옆자리 사람
- feel welcome 환영의 기분이 들다

5. Requests for the landlord

A: Could you visit my place today?

A: Could you drop by my apartment today?

B: What would you like me to fix?

B: What's the problem?

A: The toilet is overflowing. I think it's clogged.

A: The light bulb needs to be replaced.

B: I'll bring a plunger.

B: I'll let myself in with the spare key.

 해석

A: 오늘 저의 집에 오실 수 있나요?
B: 무엇을 고쳐드릴까요?
A: 변기 물이 넘쳐요. 아마 막힌 것 같아요.
B: 변기 뚫는 도구를 가져가겠습니다.

A: 오늘 저의 집에 오실 수 있나요?
B: 어떤 문제가 있나요?
A: 전구를 교체해야 합니다.
B: 보조 열쇠로 들어가겠습니다.

Vocabulary

- fix[fiks] 고치다, 고정시키다
- clogged[klagd] 막다: 막히다
- light bulb[bʌlb] 전구
- problem[praːbləm] (다루거나 이해하기 힘든) 문제
- overflowing[óuvərflóuiŋ] (그릇 등에 가득 담겨) 넘치다
- plunger[plʌ́ndʒər] (부엌·목욕탕) 배관 청소 용구
- let myself in ~의 안으로 들어가다

5. 집주인에게 요청하기

A: Do you have time to stop by my apartment today?

A: I need you to stop by my apartment today.

B: What do you need me to look at?

B: What's the matter? Is there some problem?

A: There's some fungus growing in the bathroom. It looks pretty serious.

A: Please come quick. It's urgent.

B: I might have to call an expert.

B: I don't know if I can fix it today. It might need long-term treatment.

해석

A: 저의 집에 오늘 잠깐 들르실 시간이 있으신가요?

B: 무엇을 봐드릴까요?

A: 욕실에 곰팡이가 자라고 있는데 엄청 심각해 보여요.

B: 전문가를 불러야 할 듯 하네요.

A: 저의 집에 오늘 오셔야 할 것 같습니다.

B: 무슨 일이십니까? 문제가 있나요?

A: 빨리 와주세요. 좀 급합니다.

B: 오늘은 고치기가 어려울 것 같네요. 장기간 손봐야 할 것 같군요.

Vocabulary

- fungus[fʌ́ŋgəs] 균류, 곰팡이류
- expert[ékspəːrt] 전문가의, 전문적인; 숙련된
- look serious[síəriəs] 심각해 보인다
- urgent[ə́ːrdʒənt] 다급해 하는, 다급한, 긴급한

1)

What's the 어떤 ~있나요	**problem ?** 문제가? **matter?** 일이? **rush / hurry?** 급한 것이?

2)

Where **should I** 어느 곳에	**leave** 놓을까요 **put** 둘까요 **drop off** 갖다 놓을까요 **place** 맡겨, 남겨, 놔 드릴까요	**the couch?** 이 소파를? **your TV?** 당신의 TV를? **the letter?** 이 편지를? **this vase?** 이 꽃병을?

3)

There's **some** 약간, 몇 개, 좀 있습니다	**fungus growing** 곰팡이가 자라는 것이 **water leaking** 물이 새는 것이 **light flashing** 불이 깜박거리는 **pest problem** 해충의 문제 **trash jammed** 쓰레기가 가득 찬 것이	**in the** ~안에	**bathroom.** 욕실 **kitchen.** 부엌 **bedroom.** 침실 **basement.** 지하실 **toilet.** 화장실

4)

Please ~ 해주세요	**stop by** 잠시 들르다 **drop by** 잠깐 들르다 **visit** 방문하다	**my home.** 나의 집에 **the supermarket.** 슈퍼마켓에 **later today.** 오늘 늦게, 이따

1. could/can/would/will를 이용한 부탁이나 요청

위의 4 단어는 상대 혹은 누군가에게 무엇인가를 해 달라고 부탁이나 요청할 때 사용합니다.

Will you do me a favor? **Will** you copy this for me?
제 부탁을 좀 들어 주실 수 있나요? 이것 좀 복사해 줄 수 있어요?

Could you help me lift this box? 내가 이 상자를 들수 있도록 도와줄 수 있어요?

Can you get the phone? 전화를 좀 받아줄 수 있나요?

Would you open the door for me, please? 문을 좀 열어주실 수 있나요?

"could"와 "can" 또한 상대 혹은 누군가에게 무엇인가를 부탁하거나 달라고 할 때 사용합니다.

Could you pass me that eraser? 그 지우개를 건네 줄 수 있나요?

Can you reach that? 저것에 손이 닿나요?

could와 can이 일반적으로 would 와 will 보다는 더 많이 사용됩니다. could나 would가 좀 더 예의 바르고 정중한 표현으로 생각되기도 하지만 이것은 대체로 문장의 전후 상황이나 맥락에 의하여 결정합니다. 또한 "Would you mind⋯ (제가 ~하면 안될까요?)", "Would it be possible to ⋯? (~가 가능할까요?)", "Would you like to ⋯? (~하기를 원하세요?)"와 같은 표현들은 위에서 살펴본 부탁이나 요청의 의미와는 달리 관용적으로 사용합니다.

• 이러한 질문에 대한 긍정적인 답변:

Yes. Certainly. Of course. I'd be happy to. I'd be glad to. My pleasure.
네, 물론이지요, 당연하죠, 그럼 좋겠어요, 그렇게 된다면 기쁘겠어요, 저의 기쁨입니다.

• 다음과 같이 말함으로써 격식 없이 답변할 수 있다.:

Sure. Okay. Uh-huh. (yes의 의미로) 당연하지, 그래 좋아, 아하~

• 다음과 같이 부정적인 답변을 할 수 있다.:

No. Sorry. 미안하지만 안되겠어.

• 혹은 다음과 같은 구체적인 답변을 할 수 있다.:

I'm busy right now / I'd like to, but I can't / I'd love to, but I'm too busy.
나 지금 바빠서 안되겠어. 그리고 싶긴 한데 안되겠어요. 그렇게 하고는 싶은데 지금은 너무 바빠요.

❶ Could you drop by my apartment today?

 A1) OK, I'll bring it today.　　　　A2) OK, I'll be there at 2.

❷ What do you need me to look at?

 A1) I think the sink is broken.　　　A2) It looks broken.

❸ Why don't you come over to our place later for a drink?

 A1) Thanks, I'd love to.　　　　A2) OK, we can drink it later.

❹ Can you make it to my housewarming party?

 A1) OK, I'll be there.　　　　A2) No, the house is too hot.

❺ What is included in the furnished room?

 A1) Yes, the room is furnished.　　　A2) A dresser, bed and desk.

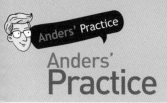

Anders' Practice

❶ 여러분의 집에 학급의 친구를 초대하세요. 주소를 알려주는 것도 잊지 마세요.

➡ _____

_____

_____

_____

❷ 학급의 친구에게 여러분의 집을 설명해주세요. 어떤 종류의 집인가요? 집이 얼마나 큰가요? 혼자 살고 있나요 아니면 다른 사람들과 함께 사나요?

➡ _____

_____

_____

_____

❸ 학급의 짝이 집주인이라고 가정합시다. 집주인에게 집의 문제점을 설명하고 그 문제에 대하여 집주인이 여러분에게 어떤 조치를 해주기를 원하는지 말해보세요.

➡ _____

_____

_____

_____

❶ 오늘 제 아파트에 들르실 수 있나요?

   A1) 좋아요, 오늘 가져갈게요.   A2) 좋아요. 2시에 갈게요.

❷ 제가 무엇을 봐 드릴까요?

   A1) 개수대가 고장 난 것 같습니다.   A2) 고장이 난 듯 보여요.

❸ 나중에 저희 집에 한잔하러 오시는 것은 어떠세요?

   A1) 고마워요. 그렇게 하고 싶어요.   A2) 좋아요. 나중에 한잔 할 수 있겠네요.

❹ 저희 집 집들이에 오실 수 있나요?

   A1) 좋아요. 갈게요.   A2) 아뇨. 집이 너무 더워요.

❺ 가구가 딸린 방엔 무엇이 포함되어 있어요?

   A1) 네, 그 방은 가구가 딸려있습니다.   A2) 서랍장, 침대 그리고 책상이요.

Anders' Practice Answers

① A: "Would you like to hang out at my place tonight?"
B: "Sure, I'd love to. Where is it?"

A: "It's located in Buamdong, near Changuimun gate."
B: "Wow, that's a nice neighborhood."

A: 오늘 저녁에 우리 집에서 놀까?
B: 좋아, 그러고 싶어. 집이 어디니?

A: 창의문 근처의 부암동이야.
B: 와! 거기 되게 좋은 동네인데.

② I live in a medium-sized apartment with my husband and son. It's on the 16th floor, and is about 110 square meters. It has four rooms: two bedrooms, a living room, and a bathroom. The kitchen is connected to the living room. I like living there because the building is quite new and clean, and we have a great view.

나는 중간 크기의 아파트에서 남편과 아들과 함께 삽니다. 16층이고 110제곱 미터쯤 됩니다. 저희 집에는 침실 2, 거실 1, 그리고 욕실, 이렇게 4개의 공간이 있습니다.
부엌은 거실과 연결됩니다. 나는 이 아파트 건물이 꽤 새것이고 깨끗해서 이곳에 사는 것이 좋습니다. 그리고 전망도 좋아요.

③ Tenant: "Can you come over to my place today?"
Landlord: "Yes. What would you like me to look at?"

Tenant: "There's some problem with my sink. I think it's clogged up."
Landlord: "OK, I'll bring my plunger. Hopefully I can fix it."

세입자: 오늘 저의 집에 와 주실 수 있나요?
집주인: 네. 무엇을 살펴 봐 드릴까요?

세입자: 개수대에 문제가 조금 있습니다. 막힌 것 같아요.
집주인: 좋습니다. 배관을 뚫는 도구를 가져갈게요. 제가 고칠 수 있으면 좋겠군요.

03

SOCIAL LIFE & CONVERSATION TOPICS
사회 생활과 대화 주제들

July 30th

I've been in America for a few months now.
Luckily, I've made some good friends already.
At first, I was nervous to approach people. I was
nervous about language or culture differences.
But after a while, I realized that it's not that
hard. When I talked about my interests and
hobbies, I found out that they are just like me.
As they say, "Just be yourself" ^_^

Being Myself

Min-Su

7월 30일

이제 미국에 온 지도 몇 개월이 되어가.
운 좋게도 벌써 친구들은 몇 명 사귀었지.
처음엔 사람들에게 다가가기가 두려웠어. 언어와 문화의 차이도 두려웠지.
하지만 그 이후에 난 그런 것들이 그렇게 어렵지만은 않다는 사실을 깨달았어.
친구들에게 내 관심사와 취미에 대하여 말했을 때 난 그들이 나와 비슷하다는
점을 발견했어.
그들의 말에 의하면, "그냥 너답게 행동해~"

나다워지고 있는

민수

1. Getting to know someone

A: What country are you from?

A: Where are you from?

B: I'm from Korea. Do you know it?

B: I'm from Seoul, South Korea.

A: Yes, I have some friends from Korea.

A: What do you think of America so far?

B: Really? What's your impression of the country?

B: I like it here. It's a great country.

 해석

A: 어느 나라에서 오셨어요?

B: 저는 한국에서 왔어요. 한국 아세요?

A: 네, 저에게 한국 친구들이 몇 명 있어요.

B: 정말요? 한국에 대한 인상이 어때요?

A: 어느 나라 출신이세요?

B: 저는 한국의 서울에서 왔어요.

A: 지금까지 지내보니 미국은 어떤 것 같아요?

B: 마음에 들어요. 대단한 나라입니다.

미국을 말하는 다양한 이름

The United States of America = North America = the States = the U.S.

A: What nationality are you?

A: Where are you originally from?

B: I'm Korean.

B: I was born in Korea.

A: That's interesting. How long are you in the States for?

A: What are you doing in America?

B: I'm here for the summer.

B: I've moved here for work. I'm planning to settle down.

A: 어느 나라 분이세요?

B: 저는 한국인입니다.

A: 흥미롭네요.
　　미국엔 얼마 동안 계실 건가요?

B: 여름 동안에 있으려고요.

A: 원래 어느 나라 사람이에요?

B: 저는 한국에서 태어났어요.

A: 미국은 어쩐 일로 오신 건가요?

B: 일(직장) 때문에 왔는데 정착하려고 계획
　　중 입니다.

Vocabulary

• impression[impréʃən] (사람·사물로부터 받는) 인상, (경험이나 사람이 주는) 감명

• so far[fɑːr] 지금까지(이 시점까지)

• originally[ərídʒənəli] 원래, 본래

• nationality[nʧənǽləti] 국적

• settle down[sétl] 정착하다, 진정시키다

2. Interests and hobbies

A: What are your hobbies?

B: I like to draw and paint.

A: Are you interested in sculpture too?

B: No, not really.

A: What do you do in your free time?

B: I'm a really active person, so I love to exercise.

A: Oh, really? What kind of exercise do you do?

B: I like ball sports like soccer or basketball. I also like to go mountain hiking.

 해석

A: 취미가 뭐에요?

B: 저는 그림 그리는 것을 좋아해요.

A: 조각품에도 관심이 있으신가요?

B: 아니오, 별로요.

A: 한가할 때 뭐하세요?

B: 저는 너무 활동적이라 운동하기를 굉장히 좋아합니다.

A: 오, 정말요?
   어떤 종류의 운동을 하시나요?

B: 축구나 농구 같은 구기 종목을 좋아합니다.
   등산가는 것도 좋아하고요.

구체적인 직업을 가진 사람들의 직업 이름

- art – artist 예술 – 예술가
- painting – painter 그림 – 화가
- architecture – architect [áːrkitèktʃər]-[áːrkitèkt] 건축양식 – 건축가
- athletics (sports) – athlete [æθlétiks]-[æθliːt] 운동 – 운동선수
- sculpture – sculptor [skʌlptʃər]-[skʌlptər] 조각품 – 조각가
- acting – actor [æktiŋ]-[æktər] 연기 – 배우
- music – musician [mjuːzíʃən] 음악 – 음악가

A: What do you like to do for fun?

A: Do you have any hobbies?

B: I either play music or play video games.

B: Not really.

A: Oh, you like video games? Me too. Let's play together some time.

A: Then what do you do in your free time?

B: Sure, I'd love to! Just let me know when you're available.

B: I mostly just hang out with my friends.

 해석

A: 취미 삼아 무엇을 하기 좋아해요?

B: 저는 악기를 연주하거나 비디오 게임을 합니다.

A: 오, 비디오 게임을 좋아한다고요? 저도요. 언제 같이 게임 합시다.

B: 물론, 좋지요! 언제가 가능하실지 알려만 주세요.

A: 취미가 있으세요?

B: 아뇨, 별로 없어요.

A: 그러면 여가 시간엔 무엇을 하세요?

B: 주로 친구들과 어울려 놀아요.

Vocabulary

- hobby/hobbies 취미, 좋아하는 화재
- sculpture[skʌlptʃər] 조각품, 조소
- ball sports 구기종목
- free time 여가 시간, 자유 시간

- interested in something [ĭntərəstid] ~에 관심이 있는
- an active person 활동적인, 적극적인 사람
- available[əvéiləbl] 시간이 되는, 가능한
- hang out 어울리다, 시간을 보내다

3. Suggestions and plans

A: Would you like to go to the theater with me?

A: Let's go to the theater tonight.

B: I'd love to! That sounds like fun.

B: I don't think we have time for that. I finish work late.

A: What would you like to watch?

A: Then, why don't we watch a movie instead?

B: I don't know. Let's see what shows are playing.

B: Good idea! The movie theater is closer to my office.

 해석

A: 저와 함께 극장에 가실래요?

B: 네, 너무 좋아요! 재미있겠네요.

A: 무엇을 보고 싶으세요?

B: 잘 모르겠어요.
어떤 쇼(영화)를 공연하는 중인지 한번 알아보죠.

A: 오늘 밤에 공연보러 갑시다.

B: 그럴 시간은 없을 것 같아요.
일이 늦게 끝나거든요.

A: 그렇다면 대신 영화나 보는 건 어때요?

B: 좋은 생각이에요!
영화관이 제 사무실에서 가까워요.

Vocabulary

- theater [θíːətər] 극장
- instead [instéd] ~대신에
- tonight [tənáit] 오늘 밤
- movie theater 영화관
- sounds like 좋아 보인다

3. 제안과 계획

A: Do you wanna go to the
    theater tonight?

A: Hey, are you up for the
    theater tonight?

B: No, I'm not really interested
    in that.

B: Nah, I'm not really up for it.

A: Then how about watching a
    musical instead?

A: Then what do you want to
    do instead?

B: I think I'd rather just stay at
    home tonight.
    I'm feeling tired.

B: I don't know.
    Let's just take it easy tonight.

해석

A: 오늘 극장에 갈까?

B: 아니, 별로 관심 없어.

A: 그럼 대신 뮤지컬 보는 것은 어때?

B: 오늘 밤은 그냥 집에 있는 것이 좋을 것
    같아. 좀 피곤하거든.

A: 이봐, 오늘 극장에 갈거야?

B: 아니 안 갈래.

A: 그럼 대신 뭐했으면 좋겠어?

B: 글쎄... 그냥 오늘 밤은 그냥 푹 쉬자.

Vocabulary

• up for something ~ 계획이 있는

• take it easy (relax) 일을 쉬엄쉬엄 하다, 몸을 편하게 하다, 진정하다

• wanna[waːnə] want to를 표기한 한 형태

4. At a party

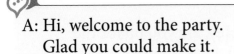

A: Hi, welcome to the party.
   Glad you could make it.

A: Hi, have we met yet?

B: Thanks for inviting me.

B: No, pleased to meet you.
   Who do you know here?

A: Help yourself to the drinks.
   And feel free to mingle
   with everyone.

A: I'm a friend of Josh's.

B: Thanks!
   Let's talk more later.

B: Oh, really? Josh invited me
   too. I work with him.

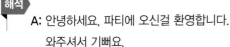

A: 안녕하세요, 파티에 오신걸 환영합니다.
   와주셔서 기뻐요.

B: 초대해주셔서 감사합니다.

A: 음료나 술을 마음껏 드시고 편히 여기 오신
   분들과 어울리세요.

B: 고마워요. 우리 나중에 좀 더 얘기 나눠요.

A: 안녕하세요, 우리 서로 인사했나요?

B: 아니요, 만나서 반갑습니다.
   여기에 누구랑 친구에요?

A: 저는 조쉬의 친구입니다.

B: 오, 그래요? 조쉬가 저도 초대했어요.
   저는 조쉬랑 함께 일해요.

여러 가지 타입의 파티

- cocktail party[kάktèil pά:rti] 정장과 드레스를 입고 칵테일을 마시며 사교활동을 하는 파티
- tailgating[téilgèitiŋ pά:rti] 시합 전후에 경기장 밖에서 가지는 야외 파티
- surprise party[sərpráiz pά:rti] 깜짝 파티 (주인공 모르게 준비하여 깜짝 놀라게 하는 파티)
- costume party[kάstju:m pά:rti] 변장 파티 (모든 참가자들이 변장을 하고 참석하는 파티)
- potluck party[pάtlʌ́k pά:rti] 여러 사람들이 각자 음식을 조금씩 가져 와서 나눠 먹으며 하는 파티
- slumber party[slʌ́mbər pά:rti] 10대 소녀들이 친구집에 모여 파자마 입고 밤새 놀고 자는 파티
- frat party[fræt pά:rti] 미국 대학의 남학생 사교 클럽의 남학생들이 모여 갖는 파티

A: Hi. Having a good time?	A: Are you enjoying yourself?
B: Not really, I don't like parties much.	B: This party's off the hook! I've never seen so many beautiful girls in my life!
A: Yeah, me neither. And this place is dead tonight.	A: Haha… make yourself at home. Just ask me if there's anything you need / anything I can do for you.
B: Right. Then, why don't we go somewhere else?	B: Thanks, man!

 해석

A: 안녕? 즐거운 시간 보내고 있어?

B: 아니, 별로.

난 파티를 그다지 좋아하지 않거든.

A: 나도 그래. 게다가 오늘 밤 여긴 좀 별로네.

B: 맞아. 그러면 우리 다른 데로 갈까?

A: 재밌게 즐기고 있나요?

B: 이 파티 끝내주네요! 이렇게 많은 예쁜 여자들은 태어나서 처음 봐요!

A: 하하… 집처럼 편하게 계세요.

그리고 뭐든 필요한 게/제가 해 드릴게 있으면 말씀하세요.

B: 고마워요.

Vocabulary

- feel free to 편하게 ~ 하다
- This party is dead. 이 파티는 별로야. (비격식)
- make yourself at home 집처럼 편하게 있다
- mingle[míŋgl] 서로 어우러지다.
- off the hook 정말 멋진, 좋은, ~를 모면한
- Thanks, man. 고마워, 친구 (비격식)

5. Opinions about other people

A: What do you think about Glenn?

A: How do you like Glenn?

B: He's a great guy. We get along well.

B: He's alright I guess. I don't really know him that well.

A: What do you like about him?

A: What was your first impression when you met him?

B: He's got a great sense of humor and always makes me laugh.

B: He seemed kind of quiet, and just kept to himself.

A: 글렌은 어떤 사람인 것 같아?

B: 괜찮은 사람이야. 우린 잘 지내고 있어.

A: 그 남자의 어떤 점이 좋아?

B: 그는 유머감각이 뛰어나서 항상 나를 웃게해.

A: 글렌은 어때?

B: 그 남자 괜찮은 것 같아. 잘은 모르겠지만.

A: 처음 그를 만났을 때 인상이 어땠어?

B: 좀 조용하고 그리고 다른 사람들과 별로 잘 어울리지 않는 듯 했어.

Vocabulary

• sense of humor 유머 감각

• keep to oneself 남과 어울리지 않다, 혼자 지내다, 자기만 알고 숨겨두다

• He has got 그는 가지고 있다, 그는 소유하다   • quiet[kwáiət] 고요, 조용함, 정적

A: What's your impression of Glenn?

A: Do you think Glenn is a decent guy?

B: I can't stand that guy!

B: I don't know. I've heard various stories about him.

A: Why? What do you have against him?

A: Well, I don't want to hear any gossip. I only want your personal opinion.

B: He seems insincere. I don't trust him at all.

B: In that case, I don't really have anything particular to say.

 해석

A: 글렌에 대한 인상이 어때요?

B: 그 사람 완전 짜증나요!

A: 왜요? 마음에 안 드는 이유가 뭔가요?

B: 진실되지 못한 것 같아요. 저는 전혀 그를 신뢰하지 않아요.

A: 글렌이 괜찮은 사람이라고 생각하나요?

B: 잘 모르겠어요. 그에 대하여 다양한 말을 들었어요.

A: 음, 저는 소문은 듣고 싶지는 않고 당신의 개인적인 의견만 듣고 싶어요.

B: 그런 경우라면 저는 특별히 드릴 말씀이 없네요.

Vocabulary

- can't stand something ~을/를 너무나 싫어하다
- trust [trʌst] 신뢰, 신임
- gossip [gásəp] (남의 사생활에 대한 좋지 않은) 소문, 험담
- impression [impréʃən] 인상, 감명
- opinion [əpínjən] 개인적 의견

- insincere [insinsíər] 진실되지 못한
- decent [díːsənt] 꽤 괜찮은, 수준이 있는
- particular [pərtíkjulər] 특정한
- various [véəriəs] 가지각색의, 서로 다른

Extra Lesson 1

1. 어떤 활동에 대한 의견

Would you like to ~ ~ 하고 싶나요? **Should we ~** 우리~ 할까요? **Do you want to ~** ~ 하기를 원하세요?	**visit the zoo?** 동물원에 가기 **go shopping?** 쇼핑하러 가기 **stay at home?** 집에 있기 **watch a movie?** 영화를 보기 **have dinner?** 저녁 식사를 하기
Are you up for ~ ~ 할 거에요? **How about ~** ~ 하는 건 어때요?	**visiting the zoo?** 동물원에 가기 **going shopping?** 쇼핑하러 가기 **staying at home?** 집에 있기 **watching a movie?** 영화를 보기 **having dinner?** 저녁 식사하기
What would you like to 무엇을 ~ 하고 싶어요?	**eat?** 먹기 **see?** 보기 **buy?** 사기

2. 선호도에 대한 질문

Do you 당신은	**prefer ~** 더 좋아하나요	**eating in or out?** 집에서 식사하는 것을 아니면 외식하는 것을? **swimming or fishing?** 수영하기 혹은 낚시하기
Would you rather ~하는 것을 더 선호하나요?		**eat in or out?** 집에서 식사하는 것을 아니면 외식하는 것을? **go swimming or fishing?** 수영하기 혹은 낚시하기

---

1. 제안하기

다음의 표현들의 뒤에 부정형의 동사를 사용하여 어떤 행동의 제안 또는 당신이 원하는

I'd like to …
I want to …
Let's …
Why don't we …   + 부정형의 동사
How about …   — + 동사 ing형

· I'd like to leave this party now. I'm bored.
나는 이 파티에서 이제 자리를 뜨고 싶어요. 지루하거든요.

· I want to pick up a drink from the convenience store.
나는 편의점에서 음료수를 하나 사고 싶어.

· Let's make reservations for the restaurant tonight.
오늘 저녁 식사할 음식점에 예약을 하자.

· Why don't we stay here a little longer? It's raining outside.
여기에서 우리 좀 더 머무는건 어떨까? 밖에 비가 오잖아.

· How about surprising your mom with a visit tonight?
오늘 밤에 깜짝 놀라게 너네 엄마한테 가는 것은 어떨까?

참고

■ how about은 먼저 제안하는 경우가 아니라 다른 사람의 진술에 답을 하는 경우에 보통 사용된다.

A: I think my mom is lonely these days. I don't know how we can help her.
A: 엄마가 요즘 외로워하시는 것 같아. 어떻게 도와드려야 할지 모르겠네.

B: How about surprising her with a visit tonight?
B: 그럼 오늘 밤 깜짝 놀라게 엄마한테 가는게 어떨까?

Thomas' 말하기 쓰기
Exercises 각 문장에서 틀린 부분을 찾아서 바르게 고치세요.

❶ **What do you do in the free time?** 여가 시간에 무엇을 하시나요?

   ➡ _____

❷ **What's your impression with Glenn?** 글렌에 대한 당신의 인상은 어때요?

   ➡ _____

❸ **Helps yourself to the food.** 음식을 마음 것 드세요.

   ➡ _____

❹ **This party is on the hook.** 이 파티 정말 끝내주네요.

   ➡ _____

❺ **Feel freely mingle with everyone.** 모든 사람들과 자유롭게 어울리세요.

   ➡ _____

❻ **How long are you in States for?** 미국에는 얼마 동안 계실거예요?

   ➡ _____

❼ **Do you like to do mountain hiking?** 등산 좋아해요?

   ➡ _____

❽ **Will you like to have a drink?** 술 한잔 하실래요?

   ➡ _____

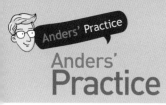

Anders'
Practice

❶ 다음의 문장 구조를 이용하여 학급 친구들에게 활동의 제안을 해보세요.

A: Would you like to _____ with me?

B: No, I'd rather _____ .

❷ 학급의 친구들에게 여러분의 취미에 대하여 말해보세요. 여가 시간엔 보통 무엇을 하고, 일주일에 얼마나 시간을 투자 하나요?

➡ _____

_____

_____

_____

❸ 여러분이 알고 있는 누군가(같은 학급의 친구도 좋습니다)에 대하여 의견을 말해보세요. 그 사람의 좋은 점은 무엇입니까?

➡ _____

_____

_____

_____

Thomas' Exercises *Answers*

❶ What do you do in the free time? 여가 시간에 무엇을 하시나요?

⇒ What do you do in your free time?

❷ What's your impression with Glenn? 글렌에 대한 당신의 인상은 어때요?

⇒ What's your impression of Glenn?

❸ Helps yourself to the food. 음식을 마음 것 드세요.

⇒ Help yourself to the food.

❹ This party is on the hook. 이 파티 정말 끝내주네요.

⇒ This party is off the hook.

❺ Feel freely mingle with everyone. 모든 사람들과 자유롭게 어울리세요.

⇒ Feel free to mingle with everyone.

❻ How long are you in States for? 미국에는 얼마 동안 계실거예요?

⇒ How long are you in the States for?

❼ Do you like to do mountain hiking? 등산 좋아해요?

⇒ Do you like to go mountain hiking?

❽ Will you like to have a drink? 술 한잔 하실래요?

⇒ Would you like to have a drink?

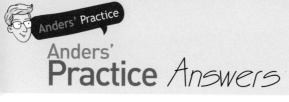

Anders' Practice *Answers*

❶ A: Would you like to <u>go to the beach</u> with me?

나와 함께 바닷가에 갈래?

B: No, I'd rather <u>stay at home and watch a movie</u> .

아니. 차라리 집에서 영화를 볼래.

❷ In my free time, I like to paint. I've been painting since I was 15 years old. I usually paint with watercolors. I like painting because it makes me feel calm, and because I like creating new things. I usually spend around 3-6 hours a week on my hobby.

자유시간에 나는 그림 그리기를 좋아합니다. 나는 15살 이후로 그림을 그렸습니다. 나는 주로 그림 물감을 가지고 그림을 그립니다. 마음이 차분해 지고 나는 새로운 것을 창작하는 것이 좋아서 그림을 그리기를 좋아합니다. 저는 취미 생활로 일주일 약 3∼6시간을 보냅니다.

❸ This is Angella. She's a great person. When I first met her, I didn't know her well. She seemed a little shy at the time. But now, we get along well. She always makes me laugh.

이 분은 안젤라입니다. 그녀는 훌륭한 사람이에요. 내가 처음 그녀를 만났을 때 나는 그녀에 대하여 잘 알지 못했습니다. 그때 그녀는 약간 수줍어하는 듯 했지요. 그러나 지금 우리는 매우 잘 지냅니다. 그녀는 저를 항상 웃게 한답니다.

04

WORK

직장

August 2nd

Whew~ I'm tired now.
This week was my first week at my new job.
I'm working at a photo studio as an assistant.
All day long, people call us, and I always have to
answer the phone like this: "Hello, South Bronx
Photos, Min-Su speaking" ㅋㅋㅋ
It's hard work, and I often have to work late.
But at least I enjoy my job. And I'm learning a
lot of things about my profession too.
One day I hope to work my way up and open my
own photo studio too.

Min-Su

8월 2일

으아~~~ 너무 피곤해.
이번 주는 새 직장에서의 첫 주였어.
나는 어떤 사진 스튜디오에서 보조로 일하게 되었거든.
온 종일 전화가 오고 난 계속해서 이렇게 전화 응대를 해야 했어: "안녕하십
니까? 사우스 브롱스 포토의 민수입니다." ㅋㅋㅋ
고되고 자주 늦게까지 일해야 하지만 적어도 난 내 일을 즐기지. 그리고 내 전
문 분야에 대해서도 많이 배우게 되고 말이야.
언젠가 더 높은 위치에 오르고 나만의 사진 스튜디오도 열고 싶어.

민수

1. Job interview

A: Why should we hire you?	A: Why do you think you are qualified for this job?
B: I have a lot of experience in this market.	B: I have a master's degree / Ph.D. from Seoul National University.
A: If you get the job, are you willing to relocate here?	A: Your resume looks very impressive. I think you're a strong candidate for this position.
B: I'll have to discuss it with my family first.	B: Thank you, Sir /Ma'am. I'm happy to hear that.

해석

A: 우리가 왜 당신을 고용해야 하는지 이유를 한 번 말씀해 보십시오. (왜 우리 회사에서 일하고 싶습니까?)

B: 이 분야에서 많은 경험이 있기 때문입니다.

A: 우리와 함께 일하게 된다면 이곳으로 거주지를 옮길 의사가 있습니까?

B: 그 점은 가족들과 상의를 먼저 해봐야 할 것 같습니다.

A: 어떤 이유로 당신이 이 업무에 적합하고 자격이 있다고 생각합니까?

B: 저는 국립 서울 대학교의 석사/박사 학위가 있습니다.

A: 당신의 이력은 매우 인상적이군요. 이 지원 분야에서 실력을 갖춘 입사지원자 같네요.

B: 감사합니다.
그런 말씀을 들으니 기분이 좋습니다.

Vocabulary

- work experience[wɔːrk ikspí(:)əriəns] (근무) 경력
- resume[rézumèi] 이력서
- qualified for something[kwɑ́ləfàid kwɑ́ləfàid] …에 적임인
- bachelor's/masters'/Ph.D. degree[bǽʧələrz] / [mǽstərz] / [digríː] 학사 학위/석사 학위/박사 학위
- relocate[rilou̯kéit] 특히 기업·근로자들이 이전하다
- candidate[kǽndidèit] 후보자
- impressive[impresiv] 인상적인, 인상 깊은

A: What sets you apart from other candidates?

B: I work well in groups or by myself.

A: What qualities can you bring to this company?

B: I'm very passionate about my work. I'm always the first to arrive, and the last to leave.

A: Do you have any previous work experience in product design?

B: Yes, I worked for a Korean design team for two years.

A: This is an unpaid internship. You'll have to work here for 1 year before you can get paid.

B: I'm willing to work my way up.

 해석

A: 어떤 면에서 당신이 다른 지원자들과 차별화된다고 생각합니까?

B: 저는 단독으로도 혹은 집단에서도 업무 능력이 탁월합니다.

A: 제품 디자인 분야에서 전에 일해본 경험이 있습니까?

B: 그렇습니다. 저는 한국의 한 디자인 팀에서 2년간 근무한 경력이 있습니다.

A: 우리 회사에서 당신은 어떤 업무 능력을 발휘할 수 있습니까?

B: 저는 제 업무에 대하여 상당히 열정적입니다. 저는 항상 직원들 중 출근을 가장 먼저하고 그리고 제일 마지막에 퇴근을 합니다.

A: 이 일은 무급 수습업무인데 급여를 정식으로 받기 전까지 1년간 여기에서 근무를 해야 합니다.

B: 하나씩 차근차근 밟아 나가겠습니다.

Vocabulary

- product design[prádəkt dizáin] 제품 디자인
- passionate[pǽʃənit] 열정을 느끼는, 격정적인
- work my way up (회사에서) 승진하다, 단계를 밟아 올라가다
- previous[príːviəs] (시기적으로 이야기 중인 사건·사물) 이전의, 먼젓번의
- qualities[kwάləti] 품질
- unpaid internship[ʌnpéid íntəːrnʃip] 무급 연수(인턴쉽)

2. New workplace (introducing someone)

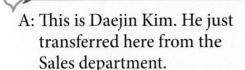

A: This is Daejin Kim. He just transferred here from the Sales department.

A: Everyone, please say hello to Daejin Kim. He's starting here from next week.

B: Hi everyone. Pleased to meet you.

B: Hi everyone. I'm glad to be a part of the team.

A: Daejin will be joining us in the Marketing department.

A: Daejin is going to be helping us during this merger.

B: I've heard a lot about you all from Mr. Black.

B: I'll do my best to make this merger go smoothly.

 해석

A: 이 분은 영업부에서 우리 부서로 자리를 이동한 김대진씨 입니다.

B: 안녕하십니까? 여러분들을 만나서 반갑습니다.

A: 이제부터 김대진씨가 마케팅 부서에서 우리와 함께 일하게 될 겁니다.

B: 미스터 블랙에게서 여러분에 대하여 말씀 많이 들었습니다.

A: 여러분! 김대진씨와 인사하세요. 다음 주 부터 우리와 함께 일하게 될 것 입니다.

B: 여러분 안녕하세요. 팀의 일원이 되어서 기쁩 니다.

A: 대진씨가 이번 합병 기간 동안 우리를 도와 일 하게 됩니다.

B: 이번 합병 건이 순조롭게 진행되기를 바랍니다.

"잘 부탁합니다."라고 말하고 싶어서 직장 동료들에게 "Please take good care of me."라고 말했어. 그런데 토마스가 말하길 그 말은 애기를 돌본다는 말처럼 들린 다는 거야! 내가 말한 표현은 영어에 존재하지 않는다고 하더라고… ㅜㅜ

2. 새 입터 (누군가 소개하기)

A: I'd like you all to meet Sales Manager, Daejin Kim.

A: Please give a warm welcome to our new coworker, Daejin Kim.

B: I really look forward to working with you all.

B: I'm glad to be working with such great coworkers. I'm hoping to learn a lot from you all.

A: Daejin is an expert on the South Korean market.

A: Daejin was highly recommended by our manager, Mr. Black.

B: If you have any questions, feel free to ask me.

B: I'll try my best to make this project a success.

 해석

A: 여러분들에게 판매부 매니저인 김대진씨를 소개합니다.

B: 여러분들과 함께 일하게 되기를 고대하고 있습니다.

A: 대진씨는 한국 시장의 전문가 입니다.

B: 궁금한 점이 있으면 언제든 편하게 질문하세요.

A: 함께 일하게 될 김대진씨를 반갑게 맞아주세요.

B: 여러분들과 같은 이렇게 훌륭한 동료들과 함께 일하게 되서 기쁩니다. 여러분들에게서 부터 많은 것을 배우고 싶습니다.

A: 대진씨는 우리 매니저인 미스터 블랙이 강력하게 추천한 분입니다.

B: 우리의 사업이 성공하도록 최선을 다하겠습니다.

Vocabulary

- to transfer[trænsfə́ːr] (장소를) 옮기다, 이동(이송/이전)하다
- merger[mə́ːrdʒər] (조직체 · 사업체의) 합병
- make something go smoothly ~을 순탄하게 진행되도록 만들다
- highly recommended[rèkəménd] 적극적으로 추천 받은
- marketing department 마케팅 부서
- expert[ekspə́ːrt] 전문가
- success[səksés] 성공

69

3. On the phone

A: Hello?

A: Good afternoon, South Bronx Photos.

B: Hi, is this Min-Su?

B: Hello, I'm trying to reach Min-Su Park.

A: Yes, this is he.

A: Speaking.
May I ask who's calling?

B: Hi Minsu, it's Tom. Do you have time to talk right now?

B: This is Thomas Frederiksen from the JinMyong company. I got your number from Anders.

 해석

A: 여보세요 ?

B: 안녕하세요. 민수씨인가요?

A: 네, 그렇습니다.

B: 안녕하세요, 민수씨. 저는 탐 입니다. 지금 통화 가능하세요?

A: 안녕하십니까? 사우스 브롱스 포토입니다.

B: 여보세요? 박민수씨와 통화하고 싶습니다.

A: 접니다. 전화하신 분은 누구신지 여쭤봐도 될까요?

B: 저는 진명출판사의 토마스 프레데릭센입니다. 앤더스가 당신의 전화 번호를 알려주더군요.

Vocabulary

· to reach someone [riːʧ] 누군가와 연락을 하다

3. 전화 통화하기

A: This is South Bronx Photos. How may I help you?

A: This is Min-Su, who's calling?

B: Can I speak to Min-Su Park, please?

B: Min-Su, it's me. Tom.

A: He's not in right now. Should I put you on hold or do you want to leave a message?

A: Tom, I'm a little busy. I'm in a meeting. Can I call you back later?

B: I'll hold. Tell him that Tom is calling. It's urgent.

B: Sure, it's nothing serious. I just wanted to chat.

 해석

A: 사우스 브롱스 포토입니다.
   무엇을 도와드릴까요?
B: 박민수씨와 통화가 가능한가요?
A: 그는 지금 자리에 없습니다.
   전화를 끊지 마시고 기다리시겠어요?
   아니면 메시지를 남기실래요?
B: 기다리겠습니다. 탐이 전화했다고 전해주
   세요. 급한 일입니다.

A: 저는 민수입니다. 전화 거신 분은 누구세요?
B: 민수씨, 저 탐입니다.
A: 탐, 제가 회의 중이라서요 약간 바쁜데요.
   제가 나중에 전화 드려도 될까요?
B: 그럼요. 별로 중요한 게 아니었어요.
   그냥 수다나 떨까 하고 전화했습니다.

Vocabulary

- He's not in. 그는 여기에(자리에) 없습니다.
- urgent[ə́ːrdʒənt] 긴급한, 다급한
- message[mésidʒ] 메시지, 전갈, 전보
- on hold 보류된, 통화 중인 사람을 기다리게 하는
- to chat[ʧæt] 수다 떨다
- serious[síəriəs] 중대한, 중요한

4. Asking for help

A: Could you give me a hand?	A: Could you help me fix this?
B: Sure. What's wrong?	B: Do you know what's wrong with it?
A: The copier is jammed.	A: I think we need to change the ink.
B: OK, I'll take a look at it.	B: No problem. I'll teach you how to do it.

해석

A: 저를 좀 도와주시겠어요?
B: 네, 무슨 일인가요?
A: 복사기에 종이가 끼었어요.
B: 네, 제가 봐 드릴게요.

A: 이거 고치는 것 좀 도와주실래요?
B: 이게 뭐가 잘못된 것인지 아시나요?
A: 잉크를 교체해야 하나봐요.
B: 별거 아니에요.
　 어떻게 하는 것인지 가르쳐 드릴께요.

Vocabulary

- (photo) copier [kápiər] 복사기
- jammed [dʒæmd] (막히거나 걸려서) 움직일 수 없는(꼼짝도 하지 않는)
- change the ink 잉크 카트리지를 교환하다

4. 도움을 청할 때

A: Could you take a look at the copier? I think it's broken.

A: Frank, I need your help with the copier.

B: What's the matter with it?

B: What's the problem?

A: It's making a strange sound.

A: It isn't printing clearly. The quality is poor.

B: That doesn't sound good. I think we should call for assistance.

B: I don't know how to fix that. I think we'll have to call the repairman.

 해석

A: 이 복사기 좀 봐주실래요?
   고장난 것 같아요.
B: 무슨 문젠가요?
A: 이상한 소리가 나요.
B: 그럼 문제가 있는 것 같은데요.
   사람을 불러야겠네요.

A: 프랭크, 복사기 좀 봐주세요.
B: 왜 그래요?
A: 선명하게 복사가 안되네요.
   화질이 좋지 않아요.
B: 저도 그것은 어떻게 고쳐야 할지 몰라요.
   사람을 불러야 할 것 같아요.

Vocabulary

- assistance[əsístəns] 도움, 원조, 지원
- repairman[ripɛ́ərmæn] 수리공, 정비사
- poor[puər] 가난한, 결함이 있는

- quality[kwáləti] 품질
- problem[prábləm] 문제, 의문

5. Borrowing and lending

A: Could I borrow your stapler?

A: Do you have a stapler I could borrow?

B: Sure, I've got it right here. Here you are.

B: Yes, I have one in my desk drawer.

A: Thanks. I promise I'll return it asap.

A: I'll give it back to you as soon as I'm done.

B: There's no hurry. Just leave it on my desk when you're done with it.

B: Sure, take it for as long as you need.

해석

A: 스테이플러 좀 빌려가도 되요?
B: 그럼요, 여기에 있어요.
A: 고마워요. 최대한 빨리 돌려 드릴게요.
B: 다 쓰시면 그냥 여기 제 책상 위에 놔두세요.

A: 스테이플러 좀 빌릴 수 있을까요?
B: 네, 서랍 안에 있어요.
A: 쓰고 바로 돌려 드릴께요.
B: 네, 필요하신 만큼 쓰시고 주세요.

Vocabulary

- stapler[stéiplər] 스테이플러, 철침
- asap(=as soon as possible) 가능한 빨리 (asap의 한글 발음은 "A, S, A, P" 또는 "에이셉")
- drawer[drɔ:r] 서랍
- promise[prá:mis] 약속하다

5. 빌리기와 빌려주기

A: Could you lend me your stapler?

A: Is there a stapler I could borrow?

B: Actually, it's not mine. It belongs to someone else.

B: I don't think so.

A: Do you think I could use it? It'll only take a second.

A: Do you know where I could get one?

B: No worries. I'm sure they won't mind.

B: Try asking at the supplies room on the first floor.

 해석

A: 스테이플러 좀 빌려주세요.
B: 사실은 이게 제 것은 아닌데요.
  다른 분 것이라서요.
A: 제가 빌려가도 될까요?
  아주 잠깐만 쓸건데.
B: 괜찮겠지요. 스테이플러 주인도
  뭐라고 하지는 않을 거예요.

A: 혹시 스테이플러 있으세요?
B: 아뇨~ 없는데요.
A: 어디 빌릴 데 없을까요?
B: 1층 비품실에서 한번 구해보세요.

Vocabulary

• No worries.[wɔ́ːriz] 걱정말아요.
• supplies room[səpláı] 비품실: 복사기 등을 사무실 옆에 마련된 별도의 장소에 설치하여 놓고 사용.
• first floor 1층

75

6. Talking about work

A: Do you like your new job?

B: I love it! It's so challenging to work there.

A: What do you like best about the job?

B: I'm working with great people and learning new things every day. I'm really improving myself.

A: How's work these days?

B: It's pretty busy. I'm working overtime almost every night.

A: Have you talked to your boss about getting compensation?

B: I'd like to, but I'm still an intern. I can't make demands.

해석

A: 새 일은 마음에 들어요?

B: 완전 좋아요! 그곳에서 일하는 것은 아주 도전적이거든요.

A: 그 일 중 가장 마음에 드는 점은 뭔가요?

B: 훌륭한 사람들과 함께 일하고 매일 새로운 것들을 배워요. 제 스스로를 발전시키는 거죠.

A: 요즘 일은 어때요?

B: 꽤 바빠요. 거의 매일 밤 초과 근무를 하는 것 같아요.

A: 초과 근무 수당을 받는 것에 대하여 상사와 얘기해 보았나요?

B: 그러고 싶기는 한데 저는 아직 수습 직원이라서 그런 요구를 할 수는 없어요.

Vocabulary

- challenging [tʃǽlindʒiŋ] 도전적인, 도전 의식을 북돋우는
- working overtime 잔업 하다, 시간외로 일하다
- improving myself [imprúːviŋ maisélf] 나 자신을 한 층 성장시키다
- intern [intə́ːrn] 인턴
- compensation [kàmpənséiʃən] 보상(금)
- make demands [meik dimǽndz] 요구를 하다

6. 일과 직업에 대하여 말하기

A: What are you doing at work these days?

A: Are you happy with your job these days?

B: Not much. Business is pretty slow these days.

B: Actually, I'd like to quit.

A: Then what are you actually doing every day?

A: Really? But how are you going to support yourself?

B: I'm just filling out papers. Typical office work.

B: It's a big problem. I need a stable income / job security.

 해석

A: 요새 직장에서는 어떤일을 하세요?

B: 그냥 그렇네요. 요즘은 거래가 부진해요.

A: 그럼 매일 무엇을 하는 거예요?

B: 그냥 서류들 작성하는 전형적인 사무실 일이죠 뭐.

A: 요즘 일(직장)은 만족스럽나요?

B: 사실 그만두고 싶어요.

A: 그래요? 그러면 어떻게 먹고 살려고요?

B: 그게 큰 문제에요. 저는 안정적인 일자리가 (고용 보장이) 필요하거든요.

Vocabulary

- business is slow 거래가 부진하다
- support yourself[səpɔ́ːrt juərsélf] 먹고 살다
- job security[sikjú(:)ərəti] 고용 보장
- typical[típikəl] 전형적인, 대표적인
- fill out papers 서류를 작성하다
- stable income[stéibl ínkʌm] 고정적인 수입
- problem[prábləm] 문제, 과제
- actually[ǽktʃuəli] 현재, 지금, 실제로, 정말로

7. Talking with the boss

A: I think I deserve a promotion.

A: I hope you'll consider me for the manager's position.

B: Why should we give you a promotion?

B: Do you think you are qualified for that position?

A: I have more work experience than anyone else. I've been working here for 5 years.

A: My performance reviews are very positive. I have a great relationship with our staff.

B: You make a good point. Alright, I'll consider it.

B: OK, I'll bring it up at the next management conference.

 해석

A: 저 승진할 자격이 있는 것 같습니다.

B: 왜 자네가 승진할만하다고 생각하나?

A: 저는 다른 직원들 보다 경력이 많습니다.
여기서 근무한 지도 5년이 넘었지 않습니까.

B: 그렇긴 하구만. 좋아.
자네 말을 염두해 두겠네.

A: 관리자 자리에 저를 고려해 주셨으면 합니다.

B: 자네가 그 위치에 적당한 자질이 있다고 생각하는건가?

A: 제 업무 평가도 꽤 긍정적이고 우리 직원들과도 좋은 관계를 유지하고 있습니다.

B: 좋아, 그 의견을 다음 경영 회의 때 상정하겠네.

Vocabulary

- promotion [prəmóuʃən] 승진, 승급
- performance review [pərfɔ́:rməns rivjú:] 인사 고과
- management conference [mǽnidʒmənt kánfərəns] 경영(노사) 협의회
- qualified for [kwáləfàid fər] ~에 자격이 있는
- make a good point 좋은 점을 지적하다
- great relationship [greit riléiʃənʃip] 좋은 관계
- position [pəzíʃən] 위치, 장소

7. 상사와 대화하기

A: I'd like to ask for a raise.

B: A raise? What makes you think you deserve a raise?

A: I've been working overtime a lot. But I'm not being compensated for it.

B: I'm sorry. That's out of the question. We simply can't afford it.

A: I hope you'll allow me to take some time off.

B: This is our busiest season. I'm not sure I can grant you any vacation days.

A: I need to travel for a family reunion. It's very important to me.

B: Well… it might be possible after peak season is over. Let's talk about it then.

해석

A: 급여를 인상해 주십시오.

B: 급여 인상을 말인가? 어떤 이유로 자네가 급여를 인상 받을 만 하다고 생각하는 건가?

A: 그 동안 자주 초과 근무를 했습니다. 그러나 그 수당은 지급받지 못했습니다.

B: 미안하네만 그것은 힘든 일이야. 회사 사정상 간단히 지급될 사항이 아닐세.

A: 휴가를 좀 주시면 좋겠어요.

B: 지금이 가장 바쁠 시기인데. 휴가를 줄 수 있을지 모르겠구만.

A: 가족 여행을 가야 해요. 저에겐 중요한 일입니다.

B: 음… 성수기가 지나면 가능할 수 있네. 그때 다시 얘기하도록 하세.

Vocabulary

- a raise [reiz] 급여 인상
- family reunion [fǽməli rijú:njən] 가족 모임
- grant someone something [grænt sʌ́mwʌn sʌ́mθiŋ] (특히 공식적 · 법적으로) 승인(허락)하다
- compensate [kámpənsèit] 보상하다, 배상하다
- out of the question 불가능한(의논해 봐야 소용없는)
- peak season 성수기
- afford [əfɔ́:rd] 여유가 있다

1)

| **Thanks for**
~ 감사합니다. | your prompt reply. 즉시 답변해 주셔서
your time. 시간을 내주어서
your help. 당신의 도움
your kind words. 당신의 다정한 말씀 |

2)

| I'd like you to meet
당신이 만나기(인사하기)를 바랍니다.
I'd like to introduce
제가 소개하기를 원합니다.
This is 이 사람은 ~ 입니다 | my brother, Anders. 내 동생 앤더스와
our newest team member, Daejin.
우리의 새로운 구성원, 대진을
my girlfriend, Yejin.
제 여자친구 예진이 |

3)

| **I**
나는 | want 원합니다
deserve 자격이 있습니다
am entitled to 권리가 있습니다
would like 원합니다
hope I can get
~ 받기를 희망합니다 | a promotion. 승진을
a raise. 급여 인상 받을
a new contract. 새로운 계약의
some help on this project.
이 기획의 도움을 |

4)

| **Could I
borrow**
제가 빌려도 될까요? | your car
당신의 차를
your phone
당신의 전화기를
your credit card
당신의 신용카드를 | this afternoon?
오늘 오후에
for a second?
잠시 동안
while you're on vacation?
당신이 휴가 중일 때 |

1. work vs. job

· **work :** 우리가 하는 일을 말한다.

I work part-time at a fast food restaurant.

난 패스트 푸드점에서 시간제로 일한다.

보통 "work" 이란 동사로 사용되는데 우리가 하는 어떤 활동이나 업무를 말하는 명사로도 사용되기도 한다.

I have a lot of work this weekend.

이번 주에 나는 일이 되게 많다.

· **job :** 비교적 전문적인 일을 말한다.

우리의 직업에 대해 말하는 명사로 사용되지만 우리가 하는 일의 종류를 말하지는 않는다.

I got a job at the post office. 나는 우체국에 새 일자리를 얻었다.

I have a new work. (X) → I have a new job. (O) 나는 새 직업을 구했다.

2. borrow vs. lend 빌리기와 빌려주기

· **borrow :** 단기간에 무엇인가를 (빌려서)가지고 가는 것이다.
그 대상물을 받는 사람에 의해 사용된다.

Could I borrow your scissors, please? 제가 당신의 가위를 좀 빌려가도 될까요?

· **lend :** 단기간에 무엇인가 (빌려)주는 것을 말한다.

Would you lend me your scissors, please? 당신의 가위를 저에게 빌려줄 수 있나요?

Yes, I'll borrow them to you. (X)

→ Yes, I'll lend them to you. (O) 네, 당신에게 제 가위를 빌려 드릴께요.

Yes, you can borrow them. (O) 네, 당신은 제 가위를 빌려 가셔도 됩니다.

Thomas' 말하기 쓰기
Exercises 왼쪽의 문장에서 맞는 답에 연결하세요.

❶ I think I deserve a promotion

❷ Could you lend me your pen?

❸ What do you like best about your job?

❹ Would you like me to put you on hold?

❺ How are you going to support yourself?

❻ Could you give me a hand?

• a. No thanks. I'll call back later.

• b. Sure. What's wrong?

• c. Actually, it's not mine.

• d. I'm working with great people!

• e. Why should we give you a promotion?

• f. I'm looking for a stable income.

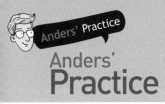

❶ 여러분의 짝이 학급에 새로 왔다고 가정합시다. 새로운 친구의 직업이나 배경을 학급의 나머지
학생들에게 소개해 보세요.

➡ _____

_____

_____

_____

❷ 여러분의 직업을 어떻게 생각하세요? 여러분은 자신의 직업을 좋아하나요 아니면 싫어하나요?
여러분은 직장 동료들과 잘 지내나요?

➡ _____

_____

_____

_____

❸ 학급의 친구들에게 무엇인가 빌려보세요. 왜 그 물건이 필요한지 그리고 언제 그 빌린 물건을
돌려줄지를 말해보세요. 그 물건을 돌려줄 때 어떤 말을 할 수 있나요? A, B로 나누어 연습해
보세요.

➡ _____

_____

_____

_____

❶ 저는 승진의 자격이 있다고
생각합니다.

❷ 당신의 펜을 빌려 주실 수 있나요?

❸ 당신의 직업에서 어떤 부분이 가장
마음에 드나요?

❹ 전화를 끊지 말고 기다리시겠어요?

❺ 어떻게 생계를 유지하려고 하나요?

❻ 저를 좀 도와주시겠어요?

a. 아니오,
제가 나중에 전화하겠습니다.

b. 그럼요, 무엇이 잘못되었나요?

c. 사실 이것은 제 것이 아닙니다.

d. 저는 훌륭한 분들과 함께 일해요!

e. 당신이 승진을 해야 한다고
생각하는 이유가 뭔가요?

f. 저는 고정적인 수입을 찾고 있어요.

Anders' Practice Answers

❶ This is our new classmate, Ms. Heo. She is originally from Ulsan, but moved to Seoul several years ago. She works at a marketing company. She has studied a little English before, but is a beginner. I hope you'll all give her a warm welcome.

이 친구는 우리의 새로운 학급 친구인 허입니다. 그녀는 원래 울산 출신인데 몇 년 전 서울로 이사를 왔어요. 그녀는 마케팅 회사에서 일합니다. 예전에 영어를 조금 공부한 적이 있지만 그 녀는 초보자입니다. 여러분 모두가 그녀를 따뜻하게 맞이하였으면 합니다.

❷ I work at a hairdressing shop. It's a medium-sized shop with 5 staff members. I've just started working there so I don't know my coworkers well. But my first impression is that they are very helpful. I know it will take some time for me to work my way up and get a better position. So I'm being patient. So far, I like the job a lot.

저는 미용실에서 일합니다. 5명의 직원들이 함께 일하는 그리 크지 않은 미용실입니다. 그곳에 서 일을 시작한 지 얼마 되지 않았기 때문에 제 동료들에 대하여 잘은 모릅니다. 하지만 제 첫 인상은 모든 직원들이 다 도움을 많이 준다는 점입니다. 제가 승진을 하고 더 좋은 위치에 오 르기까지 조금은 시간이 걸릴 것 이라는 것을 압니다. 그래서 저는 인내심을 가지려고 합니다. 지금까지는 제 일이 상당히 마음에 듭니다.

❸ A: Could I borrow your pencil?
B1: Sure, here you go.
A1: Thanks, I'll return it asap.
B1: Take as long as you need. There's no hurry.

B2: Sorry, I'm using this one. Why don't you try asking someone else?
A2: OK, I'll ask someone else.

A: 당신의 연필을 빌려도 될까요?
B1: 그럼요, 여기 있어요.
A1: 고마워요. 곧 돌려 드릴게요.
B1: 급하지 않으니까 사용하실 만큼 사용하세요.

B2: 미안하지만, 제가 지금 사용중이라 안되겠어요. 다른 분에게 한번 부탁하지 그래요?
A2: 그래요. 다른 사람에게 빌려달라고 해야겠네요.

05

RECREATION AND ENTERTAINMENT
여가와 유흥

August 21th

I've been so busy with my work. But now, I finally have some chance to relax.
I went to Madison Square Garden to watch a concert.
I've watched musicals on Broadway.
I've been sightseeing in Times Square.
I even went to a casino in Atlantic City!
If I keep going to all these events, I'm going to need more money.
Luckily, I won a bit of money at the casino. He he he… ^^

Min-Su

8월 21일

그간 일 때문에 많이 바빴는데 마침내 좀 쉴 기회가 생겼어.
콘서트를 보러 메디슨 스퀘어 가든에 갔어.
브로드웨이에서 뮤지컬을 보았고, 타임 스퀘어에서 관광도 했어.
심지어는 애틀랜틱 시티에서 카지노도 했어!
만약 내가 이 모든 이벤트와 관광을 계속 한다면 더 많은 돈이 필요하겠지.
운 좋게도 카지노에서 돈을 좀 땄어. 헤헤헤 … ㅆ

민수

1. Photography

A: Excuse me, would you
   please take my picture?

A: Hi, could you please take a
   picture of me?

B: Of course.
   Which button should I press?

B: Sure. Do you want a close-up
   or a full-length picture?

A: The big one, here.

A: Close-up. From the waist up.
   And take it horizontally please.

B: All right. Say cheese!

B: OK. Ready? 1-2-3!

 해석

A: 실례합니다. 사진 좀 찍어주시겠어요?

A: 안녕하세요. 제 사진 좀 찍어주실래요?

B: 네, 그럴게요. 어떤 버튼을 눌러야 되나요?

B: 그래요.
   가까이 찍을까요, 아니면 멀리서 찍을까요?

A: 여기 이 큰 버튼이요.

A: 가까이 찍어주세요. 상반신까지만 나오게요.
   그리고, 가로로 찍어주세요.

B: 네, 치~즈 하세요~.

B: 네, 준비 되었나요? 하나-둘-셋!

 주로 서양인들은 카메라 사진을 찍을때 "하나~둘~셋!" 후 "넷"에 찍는데 비해, 한
국분들은 "하나~둘~셋!"과 동시에 찍는것 같다.

I. 사진

A: Pardon me, could I get you to take our picture?

B: Yes. What do you want in the background?

A: Make sure you include the Chrysler Building behind us. Take it from this angle, please.

B: Then, move a little to the right and squeeze together tightly.

A: Can we take a picture?

B: You want me to take a picture of you?

A: No, I'd like to take a photo together with you.

B: Oh, OK. Let's ask someone else to take it for us.

 해석

A: 실례합니다.
   저희들 사진 찍어주실 수 있으세요?
B: 그래요. 어떤 배경을 원하세요?
A: 뒤쪽에 크라이슬러 건물이 나오게 해주세요.
   이 각도에서 찍어주세요.
B: 그럼 약간 오른쪽으로 가시고 다들 바짝
   붙으세요.

A: 우리 사진 찍어요.
B: 사진을 찍어달라는 말씀인가요?
A: 아니오. 저와 함께 사진을 찍으실 수
   있냐고요.
B: 오, 그래요. 누군가에게 우리 사진 좀
   찍어달라고 부탁합시다.

Vocabulary

- Say cheese. 치즈라고 말하세요.
- include[inklúːd] 포함하다
- from the ~up ~에서 부터 위로
- full-length picture[fulːleŋkθ píktʃər] 전신이 다 보이게 찍은 사진
- horizontally / vertically[hɔ̀ːrəzántli]/[və́ːrtikəli] 가로로 / 세로로
- squeeze together[skwiːz təɡéðər] 다 함께 바짝 붙어있다. 모으다
- waist up[weist] 허리 위, 상반신
- close-up picture 근접 촬영한 사진
- angle[ǽŋgl] 각도
- background[bǽkgràund] 배경
- Chrysler[kráislər] 크라이슬러(미국의 자동차 회사)

89

2. Movie theater

A: Two tickets for "The Avengers".

A: A single ticket for "The Avengers", please.

B: Where would you like to sit?

B: The next showing is sold out. Would you like a ticket for the 5 p.m. showing?

A: I'd like two seats on row 12. As long as they are next to each other.

A: Yes, please.

B: OK, your seats are number 4 and 5 on row 12.

B: You should pick up your ticket at least thirty minutes before the movie starts.

해석

A: 어벤져스 2장이요.

B: 어느 좌석을 원하세요?

A: 붙어있는 자리가 있다면 12열 2좌석 주세요.

B: 알겠습니다. 12열 4번과 5번 좌석입니다.

A: 어벤져스 1장 주세요.

B: 다음 상영은 매진입니다.
　　오후 5시 상영편으로 드릴까요?

A: 네, 그것으로 주세요.

B: 영화 상영 시간 최소 30분 전까지 표를 수령
　　하세요.

미국의 영화 등급

• G (General): 모든 연령 관람 가능

• PG (Parental Guidance): 아동은 부모와 함께 관람 권장

• PG-13: 13세 미만 아동의 관람은 바람직하지 않음

• R (Restricted) : 17세 미만은 성인과 동반할 것

• NC-17 (No children under 17): 17세 미만 관람 금지

• XXX (x-rated movie): 음란물 등급(높은수위)

2. 극장

A: Can I reserve two tickets for "The Avengers" at 6?

A: Can I get a student discount on movie tickets?

B: Yes. Would you like to pay now or when you pick up the tickets?

B: Yes, if you show a valid student ID.

A: I don't have any cash now. I'll pay later.

A: How much is the discount?

B: Ok, I'll make a reservation for you. I need your name and phone number.

B: You get 20% off on any movie tickets.

 해석

A: 6시 어벤져스 2장 예매 가능한가요?

B: 네, 지금 결제를 하시겠어요?
아니면 표 수령하실 때 계산하시겠어요?

A: 지금은 현금이 없어서요.
나중에 계산할게요.

B: 네, 그럼 예약을 해드릴게요.
성함과 전화번호를 말씀해주세요.

A: 영화 표 학생 할인 되나요?

B: 네, 유효한 학생증을 보여주시면 가능합니다.

A: 할인 금액이 얼마인가요?

B: 어떤 영화든 20% 할인이 됩니다.

Vocabulary

- sit / seat (자리에) 앉다 / 좌석
- showing [ʃóuiŋ] (영화)상영
- valid [vǽlid] 유효한

- row [rou] 열, 줄
- sold out 매진
- Avengers [əvéndʒərs] 어벤져스(영화제목), 복수자

3. Talking about movies or television

A: What's your favorite movie genre?

B: I like action movies. Anything with big explosions and CGI.

A: I guess you're a big fan of popcorn movies.

B: Yeah, the plot doesn't matter, as long as it's entertaining.

A: What kind of movies do you watch?

B: I watch all genres, but my favorite is thrillers.

A: Have you seen the latest Spielberg movie? It's the highest grossing film this summer.

B: Not yet. But I heard it's breaking box office records. The critics are giving it great reviews too.

해석

A: 가장 좋아하는 영화의 장르가 뭐예요?

B: 저는 액션 영화를 좋아해요. 엄청난 폭발과 CGI (컴퓨터 생성 화상) 영화면 어떤 영화든 말이죠.

A: 대중적인 영화를 굉장히 좋아하시는군요.

B: 네, 재미만 있다면 줄거리는 상관없어요.

A: 어떤 종류의 영화를 보세요?

B: 모든 장르의 영화를 다 보지만 스릴러 영화를 가장 좋아해요.

A: 스필버그 감독의 최근 영화를 보셨나요? 올 여름 가장 흥행한 영화거든요.

B: 아직 못봤어요. 그런데 박스 오피스 기록을 깼다고 들었어요. 평론가들로부터 좋은 평가도 받았다는군요.

영화의 장르

- horror[hɔ́ːrər] 공포영화
- animated movie[ǽnəmèitid] 만화영화
- independent movie[ìndipéndənt] 독립영화
- adventure[ædvéntʃr] 모험영화
- comedy 코메디 영화

- sci-fi[sáifái] 공상 과학영화
- romance[rouméns] 애정영화
- action[ǽkʃən] 액션영화
- thriller[θrílər] 스릴러

3. 영화와 텔레비전에 대하여 말하기

A: Who is your favorite actor?

B: I like Leonardo DiCaprio. He always plays complex characters.

A: And he's easy on the eyes too!

B: True, but he doesn't rely on his good looks. I really admire his dedication to acting.

A: Do you watch a lot of TV?

B: I did when I was younger, but now I don't own a TV.

A: Really? I watch sitcoms every evening to unwind after work.

B: I feel like there are no new concepts on TV. If I want to watch something, I just stream it on the internet.

 해석

A: 어느 배우 좋아해요?

B: 저는 레오나르도 디카프리오를 좋아해요. 그는 언제나 다양한 역할을 연기하거든요.

A: 그리고 그는 멋있잖아요!

B: 맞아요! 그렇게 잘생겼는데도 외모에만 의존하지 않아요. 저는 정말 그의 연기에 대한 노력이 대단한 것 같아요.

A: TV 자주보세요?

B: 어렸을 때는 그랬는데 지금은 TV가 없어요.

A: 그래요? 저는 매일 저녁 퇴근 후 머리를 식히려고 시트콤을 봐요.

B: 왠지 TV에 새로운 주제는 없는 듯 느껴지네요. 뭔가 시청하고 싶으면 그냥 인터넷으로 실시간으로 보죠.

Vocabulary

- genre[ʒɑ́ːnrə] 장르
- CGI 컴퓨터 그래픽
- plot[plɑt] 줄거리, 구성
- box office 매표소
- complex character 복잡한 성격
- rely on something[rilái] 무언가에 의지하다
- sitcoms[sítkám] 시트콤
- concepts[kánsept] 개념, 주제

- explosions[iksplóuʒən] 폭발, 폭파
- popcorn movies[pápkɔ̀ːrn múːvi] 흥미거리 영화
- highest grossing[háiist] 가장 흥행한, 돈을 많이 번
- critics[krítik] 비평가, 평론가
- easy on the eyes 보기에 좋은, 멋진
- dedication[dèdəkéiʃən] 헌신, 전념
- unwind[ʌnwáind] 감긴것, 긴장을 풀다
- stream it[striːm] 图 인터넷상에서 영상등을 재생하다

93

4. At a sports stadium

A: I got us courtside seats.

B: These seats are great! How did you manage that?

A: I have season tickets. (I'm a season ticket holder) There are a lot of extra benefits.

B: We're so close to the court, I can hear the players talking trash.

A: Our seats are on the back row.

B: These seats really suck! We're all the way up in the rafters.

A: Yeah, I can barely see the players on the pitch.

B: Oh well, let's just enjoy the atmosphere.

 해석

A: 맨 앞줄 좌석으로 구했어.

B: 이 자리 완전 최고인데! 어떻게 구한거야?

A: 자유 이용권이 있거든. 추가 혜택이 많아.

B: 경기장에서 완전 가까워서 선수들끼리 욕하고 시비 거는 소리도 다 들려!

A: 우리 뒷자리잖아.

B: 자리가 너무 안좋네.
완전 지붕에 가려서 잘 보이지 안잖아!

A: 맞아, 선수들이 구장에서 경기하는 것도 잘 안보여.

B: 아 뭐, 그냥 분위기라도 즐기자.

여러 가지 운동 경기를 하는 장소

- basketball, tennis, badminton: court 농구, 테니스, 배드민턴 : 코트
- hockey, ice skating: rink 하키, 아이스 스케이팅 : 링크
- soccer, rugby: pitch 축구, 럭비 : 피치
- football, baseball: field 풋볼, 야구 : 필드
- skiing, snowboarding: run, course, piste (EU) 스키, 스노보딩 : 런, 코스, 피스트(유럽)
- golf: course, link 골프 : 코스, 링크

4. 스포츠 스타디움에서

A: Let's take these two seats.

B: OK, they're not bad. Can you hold my seat while I go to the concession stand?

A: Just wait for the stadium vendor. He'll pass by and we can buy beer and snacks from him.

B: Good idea. The queue for the concession stand was too long!

A: Let's get in line to buy tickets.

B: This queue is ridiculous! We should have bought tickets beforehand.

A: I wasn't expecting this many people. This is just a friendly match.

B: Anyway, can you hold my spot while I go to the toilet? I'll cut in later.

A: 여기 두 자리에 앉자.

B: 그래, 별로 나쁘지 않네. 나 구내 매점에 다녀올 동안 내 자리 좀 맡아줄래?

A: 그냥 경기장 내 상인이 올 때까지 기다려. 그 사람이 오면 맥주랑 간식거리 좀 사면 되.

B: 그래야겠네. 매점에 사람들이 엄청 길게 줄을 서있더라고.

A: 표 사게 줄 서자.

B: 이 줄 말도 안되잖아! 미리 표를 샀었어야 하는 건데!

A: 이렇게 사람들이 많을 줄 몰랐어. 이건 그냥 친선 경기인데.

B: 어쨌든 나 화장실 다녀올 동안 내 자리 좀 맡아줄래? 이따가 다시 여기에 서있게.

Vocabulary

- courtside seats[kɔ́:rtsàid] 맨 앞줄 좌석
- manage something 어떤 일을 해내다, 처리하다
- season tickets 정기권
- benefits[bénəfit] 혜택, 이득, 수당
- trash talk[træʃ tɔːk] 모욕적, 도발적인 말을 하다
- rafter[ræftər] 서까래
- atmosphere[ǽtməsfiər] 대기, 공기, 분위기
- hold spot 자리를 지키다
- concession stand[kənséʃən] 구내 매점
- stadium vendor[stéidiəm véndər] 경기장 내 상인
- queue[kjuː] 줄
- ridiculous[ridíkjuləs] 말도 안되는, 터무니 없는, 웃기는
- beforehand[bifɔ́ːrhæ̀nd] 사전에, 미리
- a friendly match 친선경기
- cut in line 새치기하다, 끼어들다

5. Talking about sports

A: Who are you rooting for?

B: I'm a fan of Manchester United.

A: Me too. Rooney is a great attacker, isn't he?

B: He's sure to get some goals tonight. Maybe even a hat trick!

A: What team do you want to win?

B: I'm rooting for the NY Yankees!

A: The Yankees? Are you serious? You're a real bandwagon fan!

B: No way!
I've been supporting them for years.

 해석

A: 어느 쪽 응원하세요?

B: 저는 맨체스터 유나이티드 팬이에요.

A: 저도요. 루니는 대단한 공격수 같아요. 그렇지 않나요?

B: 분명 루니가 오늘밤에도 몇 골을 넣을 거에요. 어쩌면 해트 트릭까지도 터뜨릴 수 도 있고요.

A: 어느 팀이 이기기를 바래요?

B: 저는 뉴욕 양키스를 응원해요.

A: 양키스요? 정말요? 당신은 요즘 뜨는 우세한 팀을 응원하시는군요!

B: 전혀 아니에요! 저는 벌써 몇 년째 양키스 팬 이었거든요!

Vocabulary

- root for 응원하다
- goal 골, 목표
- support someone 응원하다, 지지하다
- Manchester [mǽntʃèstər] 맨체스터 (잉글랜드 북서부 그레이터 맨체스터주의 주도, 상공업도시)
- attacker [ətǽkər] 공격수
- hat trick 해트 트릭 (특정한 한 경기에서 한 명의 선수가 3점을 올리는 것)
- bandwagon (fan) [bǽndwæɡən] 최근 이기고 있는 팀을 응원!

5. 운동경기에 관하여 말하기

A: What team are you supporting today?

B: I support the Orlando Magic!

A: But the Bulls are a pretty strong team too.
And they're on home court.

B: Right! Tonight's game might go into overtime.

A: Do you have a favorite team?

B: I've been a Toronto Maple Leafs fan since 2007.

A: Do you think the Leafs can make the playoffs this year?

B: I doubt it. Their offense isn't bad, but their defense lets in too many goals.

해석

A: 오늘 어느 팀을 응원할거예요?

B: 올란도 매직이요.

A: 하지만 불스도 꽤나 강력한데요.
그리고 오늘 홈경기에요.

B: 그렇네요.
오늘밤 경기는 박빙으로 시간을 넘기겠네요.

A: 좋아하는 팀이 있어요?

B: 저는 2007년 이후부터 토론토 메이플 리프스 팬이었어요.

A: 올해 리프스가 플레이오프에 진출할 수 있을까요?

B: 글쎄요… 공격이 나쁜 편은 아닌데 수비가 부실해서 골을 많이 먹죠.

Vocabulary

- home court 홈 코트, 본거지 경기장
- playoffs[pléiɔ̀(ː)f] 우승 결정전, 플레이오프
- defense[diféns] 방어, 수비
- Toronto[tərántou] 토론토 : 캐나다 온타리오주의 주도 · 항구 도시.
- Orlando[ɔːrlɑ́ːndou] 올란도 : 도시이름

- over time[óuvər taim] 연장전
- offense[əféns] 공격
- bulls[bulz] 수컷의, 황소의

97

6. Theme parks

A: Let's try this roller coaster.

B: There's a height restriction on this ride. You must be 48 inches or taller.

A: My little brother is not that tall.

B: I'll wait with him by the exit. Actually, I don't like roller coasters.

A: Do you want to ride the roller coaster?

B: Not really. Rides like that make me sick (give me motion sickness).

A: Oh, you don't like thrill rides?

B: I like some of them. But I don't like rides with sudden turns and drops.

 해석

A: 이 롤러 코스터 타보자.

B: 이거 타려면 키 제한이 있어. 48인치 또는 그 이상이 되야 해.

A: 내 남동생은 그 보다는 작을 텐데.

B: 출구에서 동생하고 기다릴게. 사실 나 롤러 코스터 별로 안 좋아해.

A: 롤러 코스터 탈까?

B: 아니, 나 저런거 타면 멀미나.

A: 아, 너 스릴 넘치는 놀이기구 타는 거 안 좋아해?

B: 어떤 것은 좋지만 갑자기 회전하고 밑으로 확 떨어지는 놀이기구들은 별로야.

Vocabulary

- roller coaster 롤러 코스터, 놀이기구
- make me sick 멀미가 나게 하다
- thrill rides [θril raid] 스릴 넘치는 놀이기구들
- 1inch=2.54cm / 48inch = 121.92cm
- height restriction [ristríkʃən] 높이, 키 제한
- motion sickness [síknis] 멀미
- turns and drops 회전과 하강
- sudden [sʌdn] 갑작스러운

6. 놀이동산에서

A: I want to go on the roller coaster.

B: Can we wait thirty minutes? I just ate cotton candy, a box of popcorn, and a corn dog.

A: Why did you stuff yourself like that?

B: You have to eat unhealthy food when you're at a theme park. That's part of the fun!

A: Should we buy the general admission ticket or the all-day pass?

B: The all-day pass includes entrance to the park and access to all the attractions. The general admission ticket only includes entrance.

A: Then let's buy the all-day pass. It's more expensive, but better value.

B: You're right. I want to try all the rides today!

해석

A: 나 놀이기구 탔으면 좋겠어.

B: 30분만 기다리면 안될까?
   나 방금 솜사탕이랑 팝콘 한 박스랑
   그리고 핫도그 하나 먹었잖아.

A: 넌 뭘 그렇게 꾸역꾸역 많이 먹었냐??

B: 원래 놀이동산에 오면 이렇게 건강에 안
   좋은 음식을 먹어야 해.
   그게 즐거움의 일부이거든!

A: 일반 입장권으로 사야 되나 아니면 종일권으
   로 사야될까?

B: 종일권은 놀이공원 입장료랑 모든 놀이공원
   시설들 다 이용할 수 있어.
   일반 입장권은 입장료만 포함된거고.

A: 그렇다면 종일권을 사자.
   더 비싸긴 하지만 구매할만 하겠어.

B: 맞아. 나 오늘 여기 있는 모든 놀이 기구들 다
   타 볼거야!

Vocabulary

- cotton candy [kátən kǽndi] 솜사탕
- stuff oneself [stʌf wʌnsélf] 과식하다, 먹어대다
- access to [ǽksès] ~로 입장하다
- attractions [ətrǽkʃən] 끄는 힘, 사람(의 마음·흥미)를 끌어당기는 장소
- corn dog [kɔːrn dɔːg] 콘도그 (소시지를 옥수수 빵으로 싼 핫도그)
- general admission [ʤénərəl ədmíʃən] 일반석 입장료
- better value [bétər vǽlju:] 더 가치있는

99

7. Casino

A: I want to play blackjack.

B: There are two tables.
Which one will you play at?

A: I have to play at this table.
The other one is in the high
rollers lounge.

B: There's a minimum bet of
1,000 dollars in the high rollers
lounge! We definitely have to
stick to the regular table.

A: I'm going to try my hand at
roulette.

B: Do you have any chips?

A: I exchanged 10 dollars for
chips, and I'm betting it all
on red 23!

B: That's a risky bet.
I guess you just want the rush
of gambling.

해석

A: 블랙잭 하고 싶어.

B: 테이블이 2 군데 있는데 어디에서 할거야?

A: 여기서 해야겠군. 다른 테이블은 큰 금액
배팅하는 사람들 라운지에 있으니깐.

B: 하이 롤러스 라운지의 최소 배팅 금액은
1천불이래! 우리는 여기 일반 테이블에서
그냥 해야겠다.

A: 룰렛이나 해야겠다.

B: 칩 있어?

A: 10불어치 바꿨어.
그리고 빨간색 23에다가 올인해야지!

B: 그렇게 돈을 거는건 위험해!
너 너무 흥분해서 서두르는 것 같아.

도박게임

• blackjack 블랙잭 : 카드의 합이 21점 또는 21점에 가장 가까운 사람이 이기는 게임

• roulette 룰렛 : 0에서 36까지의 눈금을 만들어 회전판을 돌리고, 돈을 거는 게임

• baccarat 바카라 : 카지노 게임의 왕이라고 불리우며, 뱅커와 플레이어의 어느 한쪽을 택하여 9이하의 높은
점수로 승부하는 카드 게임이다 (경우에 따라 손님과 손님, 손님과 딜러가 승부함)

• poker 포커 : 각자가 카드를 5장씩 가지고 그것이 이루는 약(約)을 겨루는 게임

• craps 크랩스 : 주사위 게임

• slot machines 슬롯머신 : 한국인들은 일명 "빠찡코"라고 부르며, 기계에 동전을 넣고 그림을 맞추는 게임

7. 카지노

A: I'm going to watch the players at the baccarat table.

B: Don't you want to play?

A: I've only played baccarat a few times. I just want to study the dealer and other players.

B: Good idea. You might pick up some tips to improve your game.

A: I want to play a few hands of poker.

B: You have to show your passport or driver's license to enter the casino floor.

A: I didn't bring any I.D.

B: Sorry, you have to be at least 21 to gamble.

 해석

A: 여기 바카라 테이블에서 구경 좀 해야겠어.

B: 게임 안할래?

A: 난 바카라 몇 번 밖엔 안 해봤어.
그냥 딜러랑 사람들 게임 하는 거나
구경할래.

B: 좋은 생각이야. 구경 하다 보면 요령을
좀 얻을 수 있을 거야.

A: 포커 몇 게임 했으면 좋겠어.

B: 카지노 입장하려면 여권이나 운전면허증
같은 신분증 보여 줘야 해.

A: 신분증 아무것도 안 가져 왔는데.

B: 안됐지만 적어도 21살이 되어야만 도박을
할 수 있어.

Vocabulary

- high rollers lounge[launʤ] 고액 베팅 겜블러용 라운지
- chip[tʃip] 카지노에서 현금대신 쓰는 칩
- gambling[gǽmbliŋ] 도박
- improve[imprúːv] 개선되다, 향상시키다
- passport[pǽspɔːrt] 여권
- I.D (= identification[aidèntəfəkéiʃən]) 신분

- minimum/maximum 최소의/최대의
- the rush of[rʌʃ] ~ (흥분하여) 서두름
- tip 비밀 정보, 귀띔
- a hand of poker 포커 한 게임
- driver's license[dráivərs láisəns] 운전면허증

8. The great outdoors

A: I'm going camping this weekend.

A: I go fishing every summer.

B: That sounds like fun. But isn't it dangerous?

B: Me too! Do you go salt-water fishing or fresh-water fishing?

A: Not at all! I love sleeping in the wild.

A: I usually go fly fishing in streams or rivers.

B: Ok. But to be safe, make sure you camp in an authorized campground.

B: I like to fish for salmon or trout, but I always release them back into the water.

 해석

A: 이번 주말에 나 야영 갈거야.

B: 재미있겠다. 근데 위험하지 않아?

A: 전혀 위험하지 않아! 나는 자연에서 자는 것을 너무나 좋아하거든.

B: 그렇구나. 하지만 조심해. 반드시 정해진 야영장에서 야영하도록 하렴.

A: 저는 매해 여름에 낚시하러 가요.

B: 저도 그래요! 바다 낚시를 가세요 아니면 민물 낚시를 가세요?

A: 저는 주로 강이나 냇가로 플라이 낚시를 하러 가요.

B: 저는 연어나 송어낚시를 좋아하지만 잡으면 다시 물에 놔줘요.

서양인들은 낚시를 하기 전 돈을 내고 허가증을 받아야 한다. 그리고 보통 잡았다가 다시 놓아 주는것을 즐긴다.

A: I like to go mountain hiking in my spare time.

A: I like to do snowsports in the winter.

B: Do you hike alone or with a team?

B: Do you prefer skiing or snowboarding?

A: I'm a member of a mountain hiking club.
We meet up once a week.

A: I can do both, but I prefer snowboarding.
I'm also not bad at ice-skating.

B: That sounds fun.
Can I join you some time?

B: Wow, you sound like you're almost a pro!

 해석

A: 저는 여가 시간에 등산하기를 좋아합니다.

B: 혼자 등산하시나요 아니면 여럿이 함께 가시나요?

A: 저는 등산 동아리의 일원이에요.
저희는 일주일에 한번 만나지요.

B: 재미있겠는데요. 언제 저도 함께할 수 있을까요?

A: 난 겨울에 스노우 스포츠를 즐겨.

B: 스키를 더 좋아해요 아니면 스노보드를 더 좋아하나요?

A: 둘 다 할 수는 있지만 스노보드가 더 좋아요.
그리고, 저는 아이스스케이팅도 어느정도 잘 한답니다.

B: 와우, 거의 프로수준 이신것 같아요!

Vocabulary

- in the wild 야외에서
- campground [kǽmpgràund] 야영지
- fly fishing 제물낚시
- trout [traut] 송어
- skiing [skíːiŋ] 스키
- ice-skating 아이스스케이팅
- snowsports 스키나 스노 보드등 눈과 연관된 운동
- authorized [ɔ́ːθəràizd] 공식적인, 공인된
- salt-water/fresh-water 바닷물/민물
- salmon [sǽmən] 연어
- spare time 여가시간
- snowboarding [snóubɔ̀ːrdiŋ] 스노보딩
- a pro 프로페셔널, 전문가

103

1)

Do you 당신은 ~ 하시나요?	hike 등산하다	alone 혼자서	**or** 또는	with a team? 팀과 함께
	cook 요리하다	your own food 당신이 직접		eat out? 외식을 하나요
	use 사용하다	an iPhone 아이폰을		Galaxy? 갤럭시를
	prefer 더 선호하나요	chicken 닭요리를		steak? 스테이크를
	support 응원하나요	Manchester City 맨체스터 시티를		Chelsea 첼시를

2)

You have to 당신은 ~해야만 합니다	be at least 18 최소한 18세가 되다	**(in order) to** ~ 하기 위하여	enter this bar. 이 술집에 출입하다
	be over 120 cm 120cm이상 되다		try this ride. 이 놀이기구를 타다
	be a U.S. citizen 미국 시민이 되다		enter this lottery. 이 복권을 구매하다
	study harder 더 열심히 공부하다		pass your test. 시험에 합격하다
	be kinder 더 친절해지다		get Trina's attention. Trina의 시선을 끌려면

3)

I'm 저는 ~입니다.	a beginner 초보자	**at** ~에	English. 영어
	experienced 경험이 많은		dealing with children. 아이들을 다루다
	an expert 전문가		swimming. 수영
	so-so 그저 그런		playing ping-pong. 탁구를 치는 것
	not bad 못하지 않은		singing. 노래를 부르는 것

1. go vs. do vs. play

· **go** : ing로 끝나는 어떤 개별 활동에 사용합니다.

I like to go ~ swimming / hiking / fishing / skiing.

나는 수영하러/등산하러/낚시하러/스키타러 가기를 좋아해.

· **do** : 개별 활동 그리고 공을 사용하지 않는 단체 경기가 아닌 운동에 사용합니다.

I like to do ~ yoga / taekwondo / crossword puzzles / aerobics.

나는 요가/태권도/가로세로 단어 맞추기/에어로빅스 하기를 좋아해.

· **play** : 구기 종목이나 상대 팀과 겨루는 운동에 사용 한다.

I like to play ~ baseball, soccer, computer games, chess.

나는 야구/축구/ 컴퓨터 게임/ 체스 하는 것을 좋아해.

· 만약 그 활동이 고유의 동사를 가지면 **play, go, do** 동사를 빼고 간단히 사용 가능합니다.

I like to ~ gamble / swim / hike / sing.

나는 도박하기를 /수영하기를/ 등산 가기를/ 노래하기를 좋아한다.

2. restrictions and discounts

· **restriction** : 무엇인가 당신이 하도록 허락되지 않은 것이다. (제한)

This movie has an age restriction. There is a height restriction on
this rollercoaster. 이 영화는 나이 제한이 있다. / 이 놀이 기구는 키 제한이 있다.

· **discount** : 할인

There's a senior citizen discount for anyone over the age of 65.
65세 이상이면 누구나 경로 할인을 받을 수 있다.

All university students are eligible for a student discount.
모든 대학생들은 학생 할인을 받을 수 있다.

※ 당신이 할인을 받을 수 있는 나이이거나 또는 할인을 적용 받을 수 있음을 증명하기 위하
여 **신분증**을 보여주는 것을 잊지 마세요.

105

❶ Rides like that give me ~

　① movement sickness　　② motion sickness

❷ I go to the casino because I like to feel

　① the rush of gambling　　② a rush in gambling

❸ The Bulls have home court

　① advantages　　　　② advantage

❹ Could you please

　① take a photo with you?　② take a picture of me?

❺ He doesn't rely on

　① his good looks　　② his good looking.

❻ My mountain hiking team meets up

　① once a week.　　② once in a week

❼ This all-day pass is more expensive, but

　① more valuable.　　② better value.

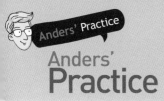
❶ 서로에게 상대방이 어떤 스포츠와 팀을 응원하는지 질문해 보세요. 얼마 동안 그 팀의 팬이었
는지, 그리고 그 팀을 좋아하는 이유를 질문해 보세요.

➡ _____

_____

_____

_____

❷ 학급의 친구들에게 마지막으로 본 영화나 TV프로그램에 대하여 말해보세요. 재미있었나요? 어
떤 점이 재미있었나요? 주로 어떤 종류의 영화를 보나요?

➡ _____

_____

_____

_____

❸ 누군가에게 여러분과 여러분 친구의 사진을 찍어달라고 부탁해보세요. 어디에 초점을 맞출까
요? 뒤 배경으로 들어가야 하는 흥미로운 것이 있나요? A, B로 나누어 연습하세요.

➡ _____

_____

_____

_____

Thomas'
Exercises *Answers*

❶ **Rides like that give me ~** 난 그런 놀이기구들을 타면 멀미를 하게 돼.

   ① movement sickness   ② motion sickness

❷ **I go to the casino because I like to feel**
나는 도박의 짜릿한 기분을 느끼는 것이 좋아서 카지노에 갑니다.

   ① the rush of gambling   ② a rush in gambling

❸ **The Bulls have home court** 불스에게는 홈 경기장이라는 장점이 있어.

   ① advantages   ② advantage

❹ **Could you please** 제 사진 좀 찍어 주시겠어요?

   ① take a photo with you? ② take a picture of me?

❺ **He doesn't rely on** 그는 그의 잘생긴 외모에 의존하지 않아요.

   ① his good looks   ② his good looking.

❻ **My mountain hiking team meets up** 저의 등산 동아리는 1주일에 한 번 만나요.

   ① once a week.   ② once in a week

❼ **This all-day pass is more expensive, but** 이 종일권은 더 비싸지만 더 값어치를 해.
   ① more valuable.   ② better value.

❶ I support the Samsung Lions. They're a baseball team and their home stadium is Daegu Baseball Stadium. They're quite successful and have won many championships. I've been a fan of them since High School. My favorite player, Yang Jun-hyuk, used to play for that team. That's why I support them.

저는 삼성 라이온스를 응원합니다. 야구 팀인데 대구 야구장이 홈 그라운드입니다. 삼성 라이온스는 꽤 성공 했으며 많은 경기에서 우승을 했습니다. 저는 고등학교 때 이후로 삼성 라이온스의 팬이었으며 제가 제일 좋아하는 선수는 양준혁으로, 삼성 라이온스에서 선수 생활을 했었습니다. 그래서 저는 삼성 라이온스를 응원하는 것입니다.

❷ The last movie I watched was "Inside Out". It's an animated movie by Pixar. The story is about the different emotions of a young girl. I enjoyed it quite a lot. The story was sweet, and the animation was well made. I've watched most of Pixar's movies; I'm a big fan of them.

제가 마지막으로 본 영화는 "인사이드 아웃"입니다. Pixar(픽사)의 만화 영화인데 한 어린 소녀의 다른 감정에 관한 영화입니다. 이야기가 너무 사랑스러웠고 만화 영화가 참으로 잘 만들어졌습니다. 저는 픽사에서 만든 영화를 대부분 다 봤으며 그 영화들을 엄청나게 좋아합니다.

❸ A: Excuse me, could you take my picture?

B: Sure, what would you like me to focus on?

A: Please take it from this angle, with the museum in the background. And include our full bodies, please.

B: OK, say "cheese"!

A: 실례합니다. 제 사진 좀 찍어주시겠어요?
B: 그래요, 어디에다가 초점을 맞춰서 사진을 찍어드릴까요?

A: 이 박물관이 배경으로 나오도록 이 각도에 맞춰서 찍어주세요.
　 그리고 우리들 모두 전신이 다 나오게 부탁합니다.

B: 좋아요, '치∽∽즈' 하세요!

06

FEELINGS AND OPINIONS

감정과 의견

October 13th

These days, I'm feeling so emotional.
I guess I've always been an emotional person, but
being in a new country makes it even worse.
On some days I feel on top of the world, and
confident that I can do anything!
On other days, I feel helpless and homesick.
I guess it's very natural when you are in a new
place. So I try to remind myself to stay positive!

Staying positive,

Min-Su

10월 13일

요즘 나 되게 감성이 예민해졌어.
난 항상 감성이 예민한 사람이긴 했지만 새로운 나라에서 살아 간다는 것이
그런 감성을 더 악화시키는 것 같아.
어떤 날은 기분이 완전 날아갈 것 같고 자신감이 하늘을 찔러서 무엇이든 다
잘 해낼 수 있을 것 같은 기분인데 또 어떤 날은 한없이 무기력하고 집이 그립
기도 해.
아마도 이런 감정은 새로운 곳에 와 있게 되면 당연한 감정이겠지?
그래서 스스로에게 긍정적으로 생각하자고 계속해서 상기시키려고 해.

긍정적으로 지내는

민수

1. Asking about feelings

A: How are you feeling today?

A: How's your mood today?

B: I'm great!
I feel on top of the world!

B: I'm doing all right.
How about you?

A: Really? Why are you in
such a good mood?

A: Well, I'm having a lot of mood
swings these days.
I'm a pretty emotional person.

B: I just got praised by my
boss.

B: That's too bad.
Sorry to hear that.

해석

A: 오늘 기분이 어때요?
B: 아주 좋아요! 하늘을 나는 기분이랄까…
A: 정말요? 왠일로 그렇게 기분이 좋아요?
B: 사장님한테 칭찬받았거든요.

A: 오늘 기분이 어때요?
B: 전 좋아요. 당신은요?
A: 전 요새 기분의 변화가 매우 심했어요.
제가 꽤나 감성적인 사람이거든요.
B: 그렇다니 참 안타깝네요.

혼동되는 감정의 표현들!

• (I've) Never been better. = I'm feeling good. 요즘 기분이 최고로 좋음.
• I've been better. = feeling bad. 과거엔 현재보다 더 기분이 좋았음. 지금은 별로야.

I. 감정에 대하여 묻기

A: Are you feeling good today?

A: You look a little blue today. What's up?

B: I've been better.

B: I'm OK. I'm just tired, I think.

A: Really? What's wrong?

A: Are you sure? Please tell me if something is bothering you.

B: I don't have any confidence these days.

B: No, really. I'm fine. Don't worry about me.

Vocabulary

- on top of the world 기분이 너무 좋은
- praise [preiz] 칭찬, 칭송
- emotional person [imóuʃənəl] 감수성이 예민한 사람
- to be / look blue 우울한, 우울해 보이는
- a good mood 좋은 감정의 상태
- mood swings 감정의 기복
- confidence [kánfidəns] 신뢰, 자신감, 확신
- bothering [báðər] 귀찮게 하다, 괴롭히다

2. Happiness

A: You look so happy today!	A: You seem in a good mood today!
B: Yes, I feel great!	B: Yeah, I'm in a terrific mood!
A: Is there any particular reason?	A: That's great news. Make sure you don't take it for granted.
B: I finally got a promotion at work.	B: Don't worry, I appreciate all my blessings.

 해석

A: 너 오늘 되게 행복해 보이네!
B: 응, 기분 짱이야!
A: 뭐 특별한 이유라도 있는 거니?
B: 마침내 직장에서 승진했거든.

A: 오늘 기분 참 좋아 보이시네요!
B: 네, 기분 너무 좋아요.
A: 좋은 소식이네요. 하지만 이런 좋은 기분을 당연히 여기지는 않도록 주의하세요.
B: 염려 마세요. 저에게 생긴 모든 축복들을 항상 감사히 여길거에요.

Vocabulary

- promotion[prəmóuʃən] 승진
- take something for granted 당연히 여기다
- blessings[blésiŋs] 축복
- terrific[tərífik] 너무 좋은, 훌륭한
- appreciate[əpríːʃièit] 감사히 여기다
- particular[partíkjələ(r)] 특정한

A: Your face is really glowing today!

A: Why the big smile?

B: Really? I feel amazing.

B: I can't hide my happiness these days!

A: That's great! I'm happy to hear that.

A: What are you so happy about?

B: I don't know what it is, but everything just seems to be going my way.

B: I've got a new girlfriend. I'm in love!

해석

A: 오늘 얼굴이 환하네요!

B: 그래요? 기분이 너무 좋아요.

A: 그런 말을 들으니 기분이 좋네요.

B: 뭔지는 모르겠지만 모든 것이 내가 원하는 대로 되어 가고 있는 것 같아요.

A: 왠 함박 웃음이야?

B: 요즘 이 기쁨을 숨길 수가 없네.

A: 뭐 때문에 그렇게 행복한거야?

B: 새 여자 친구가 생겼어. 사랑에 빠졌거든.

Vocabulary

• face is glowing [glóuiŋ] 낯빛이 환한, 빛나는
• hide [haid] 숨다
• amazing [əméiziŋ] 대단한, 엄청난

3. Depression

A: I feel so depressed these days.

A: I'm so blue today.

B: Why? What's bothering you?

B: What's the matter?

A: I don't know. I've just been bummed out ever since Rachael broke up with me.

A: I think this gloomy weather is getting me down.

B: Don't feel sad. There are many fish in the sea.

B: Cheer up. It'll get better!

 해석

A: 저 요즘 되게 우울해요.

B: 왜요? 무엇 때문에 그래요?

A: 모르겠어요. 레이첼하고 헤어지고 난 후 계속 기운이 없네요.

B: 슬퍼마세요. 세상엔 물 반 여자 반 이예요.

A: 오늘 엄청 우울하네요.

B: 무슨 일 있어요?

A: 이 우중충한 날씨 탓에 점점 우울해 지는 것 같아요.

B: 기운 내요! 좋아질 거에요.

Vocabulary

- depressed [diprést] 우울한
- feel blue 기분이 우울한
- cheer up 기운을 북돋우는
- bummed out over something [bʌmd] 우울한, 기분이 좋지 않은, 낙심한
- bothering someone 누군가를 귀찮게, 힘들게 하다
- gloomy [glúːmi] 우울한

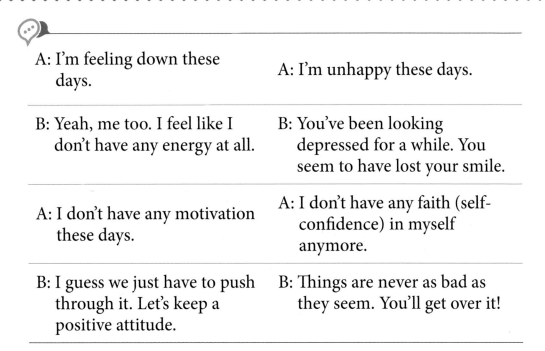

A: I'm feeling down these days.

A: I'm unhappy these days.

B: Yeah, me too. I feel like I don't have any energy at all.

B: You've been looking depressed for a while. You seem to have lost your smile.

A: I don't have any motivation these days.

A: I don't have any faith (self-confidence) in myself anymore.

B: I guess we just have to push through it. Let's keep a positive attitude.

B: Things are never as bad as they seem. You'll get over it!

 해석

A: 요즘 우울해요.

B: 네, 저도 그래요.
   저는 기운이 하나도 없어요.

A: 요즘 완전 의욕상실이에요.

B: 그래도 헤쳐 나가야 해요.
   우리 긍정적인 태도를 가집시다!

A: 요즘 기분이 좋지를 않아요.

B: 한동안 계속 우울해 보였어요,
   웃지도 않으시고.

A: 제 스스로에 대한 믿음도 더 이상 없어요.

B: 상황이 그렇게 최악은 아닐 거예요.
   잘 극복할 수 있어요!

Vocabulary

- feel down 기운이 없는
- motivation [mòutəvéiʃən] 동기부여, 의욕
- self-confidence [kánfidəns] 자신감

- energy [énərdʒi] 에너지, 힘
- positive attitude [pázətiv ǽtitjùːd] 긍정적인 태도

4. Cheering up

A: Are you all right? I've been worried about you.

B: I'm fine. I'm just a little depressed after my accident.

A: Why don't you start a new hobby? That will give you new inspiration.

B: Hey, that's a great idea! Thanks for the good advice.

A: Is it true that you lost your job?

B: Yes, unfortunately. I was fired last month.

A: Don't worry. You can bounce back! I know how strong you are.

B: That's very sweet of you. I really appreciate it.

 해석

A: 괜찮아요? 계속 당신을 걱정했어요.

B: 전 괜찮아요.
   사고 이후 약간 의기소침했을 뿐이에요.

A: 새로운 취미를 가져보는 건 어때요?
   새로운 의욕이 생길거예요.

B: 훌륭한 생각이네요! 좋은 충고 고마워요.

A: 당신이 일자리를 잃었다는게 사실인가요?

B: 네, 불행하게도요. 지난달 해고당했어요.

A: 걱정 마세요. 당신은 다시 일어날 수 있어요!
   당신이 얼마나 강한지 제가 알거든요.

B: 정말 사랑스러운 당신! 너무 감사합니다.

 **다음 단어들의 철자와 발음에 주의하세요!**

• advice[ədváis] 명 조언, 충고

• advise[ədváiz] 동 조언하다, 충고하다

A: I'm so sorry to hear that your girlfriend broke up with you.

A: I heard that your dad passed away.
I'm so sorry about your loss.

B: I'm so miserable these days!

B: Yes, it's true. This is the hardest period of my entire life.

A: You'll get over it. Remember what they say: Time heals all wounds.

A: Is there something I can do to make things better?

B: Thanks, but I don't think that will help me.

B: I appreciate your kindness. But there's nothing you can say to ease the pain.

해석

A: 여자 친구와 헤어졌다니 안됐구나.

B: 요새 기분이 완전 말이 아니야.

A: 극복 할 수 있어! 시간이 약이라고 사람들이 하는 말을 기억하라고.

B: 고마워, 하지만 그런 말이 나한테 도움이 될 것 같지는 않구나.

A: 아버지가 돌아가셨다고 들었어.
상심이 크겠다.

B: 그렇지. 내 일생에서 가장 힘든 시기야.

A: 내가 뭔가 도울 것이 있니?

B: 너무 고마워. 하지만 내 아픔이 사라지도록 네가 나에게 해줄 말은 없는 것 같구나.

Vocabulary

- hobby[hábi] 취미
- advice[ədváis] 조언, 충고
- appreciate[əprí:ʃièit] 감사하다
- pass away 사망하다
- unfortunately[ʌnfɔ́:rtʃnətli] 불행하게도, 공교롭게도
- inspiration[ìnspəréiʃən] 영감, 자극, 격려
- bounce back 다시 튀어 오르다
- miserable[mízərəbl] 비참한, 비참하게 만드는
- ease[i:z] 완화하다, 가볍게 하다
- period[píəriəd] (어느 일정한) 시간

5. Excited / looking forward to something

A: I can't wait to get off work.

A: I'm really looking forward to this Friday.

B: I guess you're excited for the weekend.

B: Do you have special plans that day?

A: You bet! I can't wait any longer.

A: I have a date with Jeannie. I'm thinking about it all the time!

B: Haha, OK. Be patient. It'll come soon.

B: It's only a few days away.

해석

A: 퇴근 시간까지 못 참겠어.

B: 주말이라 들뜨나보군.

A: 바로 그거야! 더 이상 못 참겠다.

B: 하하, 좋아. 참아라 참아. 곧 주말이잖아.

A: 이번 주 금요일을 목이 빠져라 기다리고 있어요.

B: 그날 뭐 특별한 계획이 있어요?

A: 지니랑 데이트가 있어요. 계속 그 생각 뿐이에요.

B: 며칠 남지 않았네요.

Vocabulary

- be patient[péiʃənt] 참다, 인내하다
- Jeannie[dʒíːni] 지니
- weekend[wíːkend] 주말, 주말의

5. 흥분/무엇인가 고대하는 것

A: I wish Christmas would come soon!

A: I'm dying to see the new Batman movie.

B: Yes, only 4 more days to go.

B: It doesn't come out until the 24th, right?

A: I can't stand the wait! I'm imagining all the presents I'll get!

A: That's right. The suspense is killing me!

B: Don't expect too much, or you'll be disappointed.

B: I'm sure it will be worth the wait.

 해석

A: 크리스마스가 빨리 왔으면 좋겠어.

B: 그래, 겨우 4일 남았다.

A: 기다리다 지치겠어.

　그날 받을 모든 선물들을 상상하고 있어.

B: 너무 기대하지 마, 그러다 실망할걸?

A: 배트맨 최신작 기다리다가 돌아가시겠어.

B: 24일이나 되야 개봉하잖아, 맞지?

A: 맞아. 두근거려 죽겠어!

B: 분명 기다린 보람이 있을거야.

Vocabulary

- imagining [imǽdʒiŋ] 상상하다
- worth the wait [wəːrθ] 기다린 보람, 가치가 있는
- expect [ikspékt] 기대하다, (나쁜 일을) 예상하다
- suspense [səspéns] 긴장감, 걱정, 불안
- Christmas [krísməs] 성탄절, 크리스마스
- disappointed [dìsəpɔ́intid] 낙담한, 실망한

6. Dreams and aspirations

A: I'd really love to own my own restaurant one day.

A: I'd like to become a comic book writer in the future.

B: Do you think it's possible?

B: Is that a realistic dream?

A: Sure, why not? If you can dream it, you can do it!

A: I'm already taking art and design classes.

B: You sound very positive.

B: I'm glad you're working hard to make your dream come true.

 해석

A: 언젠가 나만의 식당을 개업했으면 정말 좋겠어.

B: 가능하다고 생각하는거야?

A: 물론이지, 안될 건 또 뭐야? 꿈이 있으면 할 수 있다고.

B: 넌 상당히 긍정적이구나.

A: 장래에 만화작가가 되고 싶어요.

B: 실현 가능한 희망인가요?

A: 전 이미 미술반과 디자인 반을 수강하고 있어요.

B: 당신이 꿈을 실현하기 위하여 열심히 노력하는 모습에 기쁘네요.

Vocabulary

- aspirations [æ̀spəréiʃn] 열망, 포부, 염원
- comic book writer 만화 작가
- design [dizáin] 디자인
- positive [pázitiv] 긍정적인
- realistic [rì:lístik] 사실적인, 현실적인

6. 꿈과 포부

A: I've always wanted to get a scuba diving license.

A: What's your dream for the future?

B: That sounds like a great plan.

B: One day, I hope to become a professional dancer.

A: How can I make my dream come true?

A: Really? I never knew that. Why don't you go for it?

B: Why don't you try taking lessons from a professional?

B: I've been keeping it a secret. I think I'm afraid of failure.

 해석

A: 전 항상 스쿠버 다이빙 자격증을 갖고 싶었어요.
B: 좋은 계획 같네요.
A: 어떻게 하면 그 꿈을 이룰 수 있을까요
B: 전문가에게 수업을 받으면 어떨까요?

A: 장래 희망이 뭐예요?
B: 언젠가는 전문적인 무용수가 되고 싶어요.
A: 정말요? 그러신 줄 몰랐어요.
   계속 노력해 보는 거 어때요?
B: 비밀이었어요. 실패 할까봐 두려워서요.

Vocabulary

- professional [prəféʃənəl] 전문적인
- scuba diving 스쿠버 다이빙
- failure [féiljər] 실패

- keep it a secret 비밀로 하다
- license [láisəns] 자격증
- future [fjúːtʃə(r)] 미래

7. Arguments

A: Why are you so upset with me?

A: Why are you giving me the silent treatment?

B: I'm angry because you don't respect me.

B: I can't believe you lied to me!

A: How can you say that? That really hurts.

A: That's not true. You're exaggerating.

B: You never take my opinions seriously.

B: I don't think I can ever trust you again.

 해석

A: 나한테 어째 이렇게 화가 난 거니?

B: 네가 나를 존중해주지 않아서 화가 난 거야.

A: 어떻게 그렇게 말할 수 있어? 너무 심하잖아.

B: 넌 내 의견을 전혀 심각하게 받아들이지 않잖아.

A: 왜 나한테 아무 말도 안 하는 거야?

B: 네가 나한테 거짓말을 했다는게 믿어지지 않아.

A: 그렇지 않아. 네가 과장하는 거야.

B: 다시는 너를 신뢰할거 같지 않아.

Vocabulary

- upset[ʌpse] 화난, 성난
- silent treatment[sáilənt tríːtmənt] 대꾸하지 않는
- opinions[əpínjəns] 개인적 의견
- arguments[áːrgjumənt] 논쟁; 언쟁, 말다툼

- respect[rispékt] 존경하다, 존중하다
- exaggerating[igzǽdʒərèit] 과장하다
- seriously[síəriəsli] 진지하게

124

A: What are you so pissed off about?

A: Ok, what's with the attitude?

B: I'm upset that you don't trust me.

B: I feel like you're always picking on me.

A: What are you talking about? You're making stuff up.

A: What? That's ridiculous! You're too sensitive.

B: No, it's true! You are always second-guessing my decisions.

B: Don't be so critical of everything I do!

A: 뭐 때문에 그렇게 열 받은거야?

B: 네가 나를 믿지 않으니 그렇지.

A: 그게 무슨 말이야? 왜 그렇게 네 멋대로 생각해!

B: 아니, 내 말이 맞아. 넌 항상 내 결정을 믿지 않잖아.

A: 좋아. 뭐가 문제야?

B: 너 항상 나한테 트집잡는 것 같거든.

A: 뭐? 웃기시네! 넌 너무 예민해.

B: 내가 하는 것 마다 비꼬지 좀 마!

Vocabulary

- pissed [pist] off 화가 난
- second-guessing [sékənd-gesiŋ] 의심하다
- pick on someone 트집 잡다
- sensitive [sénsətiv] 예민한

- trust someone [trʌst sʌ́mwʌn] 누군가를 신뢰하다, 믿다
- (bad) attitude [ǽtitjùːd] (나쁜) 태도
- ridiculous [ridíkjələs] 웃기는, 터무니없는
- critical [krítikəl] 비판적인

1) I feel ~ 저는 ～한 기분이 들어요

happy 행복한	ok 괜찮은	bad 나쁜
thrilled 짜릿한	not bad 나쁘지 않은	sad 슬픈
terrific 아주 좋은	alright 좋은	terrible 형편없는
great 대단한	fine 훌륭한	unhappy 불행한
amazing 놀라운	pretty good 꽤 좋은	depressed 우울한
wonderful 아주 멋진	so-so 그저 그런	miserable 비참한

2)

Why are you 왜 당신은 ～ 인가요?	being mean to 못되게 굴다 blaming 비난하나요 lying to 거짓말하다 fighting with 싸우다 angry at ～화를 내다	me? 나에게 her / him? 그녀를 / 그를 your boyfriend? 당신의 남자 친구에게 your parents? 당신의 부모님과 them? 그들에게

3)

I'm 나는	upset 화가 났어요 angry 속상해요 happy 행복해요 thankful 감사해요	**that** ~	you never show up on time. 당신이 절대로 제 시간에 오지 않아서 you lied to me. 당신이 나에게 거짓말을 해서 he asked me out. 그가 나에게 데이트 신청을 해서 I'm making enough money. 내가 충분한 돈을 벌어서

1. 'how' 와 'what'을 사용하여 의견 묻기

어떤 주제에 대한 의견을 물을 때 다음과 같이 'how' 또는 'what'로 시작하는 문장을 사용할 수 있습니다.

HOW + LIKE: How do you like ….? ~은/는 어떤 것 같아요?

당신이 구입한 새 차는 어떤 것 같아요?

WHAT + THINK: What do you think of…?

당신이 구입한 새 차에 대해서 어떻게 생각하세요?

그러나 다음의 의문사와 동사를 함께 사용하지 않도록 주의하세요.

How do you think about my new dress? (X)

→ What do you think about my new dress? (O)

    How do you like my new dress? (O) 내 새 원피스 어때?

2. 앞으로 다가올 일들은 "look forward to" 와 "expect"를 이용하기

위의 두 표현은 일어나기를 희망하며 기대하는 어떤 일에 대한 감정을 표현합니다만 둘 사이에는 의미상의 차이점이 있습니다.

"look forward to"는 미래의 일에 대한 흥분을 표현하는데 그렇기 때문에 감정적이며 긍정적입니다.

I'm looking forward to seeing your new baby.

새로 태어난 당신의 아기를 만나기를 너무나 기대합니다.

"expect"는 어떤 일이 일어날 확실성에 대하여 묘사하는데 사용되며 확실성에 대하여 묘사하므로 감정적이기 보다는 사실적으로 들립니다.

I expect the new reports to be finished by tomorrow.

내일까지 완성될 새로운 보고서가 기대 되요.

그러므로 "I'm expecting your call." 와 같은 문장은 나에게 반드시 전화를 하라고 강요하는 소리처럼 들립니다. 대신에 "I'm looking forward to your call."의 문장은 당신이 상대의 전화를 갈망하며 기대하고 있음을 보여줍니다.

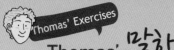

Thomas' 말하기 쓰기
Exercises

다음의 문장들은 긍정적인 혹은 부정적인 상황을 나타내나요?
상황에 맞는 칸에 문장을 써 봅시다.

❶ You never take my opinions seriously.

❷ I've never been better.

❸ I really appreciate it.

❹ I'm so sorry about your loss.

❺ I think I'm afraid of failure.

❻ I'm dying to see the new Batman movie.

❼ I've been better.

❽ I feel on top of the world.

❾ I'm sure it will be worth the wait.

❿ I don't have any confidence these days.

⓫ You look a little blue today.

⓬ Everything seems to be going my way.

❶ 학급의 친구들에게 오늘의 기분을 질문하세요. 만약 친구들이 오늘 기쁘다면 어떤 이유로 기쁜지 알아내보세요. A, B로 나누어 연습해 보세요.

➡ _____

_____

_____

_____

❷ 여러분이 기대하고 있는 어떤 일을 말해보세요. 왜 기대하고 있나요? 그 일이 이루어 질 때까지 얼마나 기다려야만 하나요?

➡ _____

_____

_____

_____

❸ 미래의 꿈과 포부에 대하여 설명해봅시다. 현실적인 꿈인가요? 여러분은 그 꿈을 실현시키기 위하여 어떤 일을 할 수 있나요?

➡ _____

_____

_____

_____

Thomas' Exercises *Answers*

I've never been better. 기분 너무 좋아요.	**I've been better.** 기분이 별로 좋지 않아요.
I really appreciate it. 정말 감사합니다.	**I'm so sorry about your loss.** 상심이 크시겠네요.
I'm dying to see the new Batman movie. 새 배트맨 영화 보고 싶어 죽겠어.	**I think I'm afraid of failure.** 실패할까봐 두려워요.
I feel on top of the world. 하늘을 나는 것처럼 기분이 너무 좋아요.	**You never take my opinions seriously.** 넌 내 의견을 전혀 심각하게 받아들이지 않아.
I'm sure it will be worth the wait. 분명 기다린 만큼 보람이 있을거야.	**I don't have any confidence these days.** 요즘 자신감이 완전 제로에요.
Everything seems to be going my way. 모든 것이 내 뜻대로 되어 가는 것 같아요.	**You look a little blue today.** 너 오늘 좀 우울해보여.

① A: How are you feeling today?

B: I'm doing good.

A: That's good to hear! Any special reason?

B: I'm happy in my relationship these days.

A: That's nice. I'm very happy for you.

A: 오늘 기분이 어때요?
B1: 좋아요.

A1: 그렇다니 좋아요! 뭐 특별한 이유라도 있어요?
B1: 요즘 우리의 관계가 좋아서 행복해요.

A1: 그것 참 잘됐군요. 나도 행복해요.

② These days, I'm looking forward to my birthday. I don't have any plans yet, but I think my friends will do something special for me. Maybe they're planning a surprise party. And I can't wait to see what presents they've bought me!

요즘 난 생일이 오기를 목이 빠져라 기다리고 있어. 아직 어떤 계획도 없지만 아마도 친구들이 나를 위해서 뭔가 특별한 것을 해 줄 것 같아. 아마도 친구들이 깜짝 파티를 계획 중 일지도 몰라. 그리고 그들이 생일 선물로 무엇을 가져올지 보고 싶어서 기다릴 수가 없어.

③ In the future, I'd like to open my own coffee shop. I've always wanted to quit my job and be my own boss. Plus, I'm sociable and love meeting people. I'm not sure if I can save up enough money though. I don't know if it's a realistic dream, but I'll work hard to make it come true.

미래에 난 나만의 커피숍을 열고 싶어. 항상 나는 일을 그만두고 사장이 되고 싶었지. 게다가 난 사회성이 있고 사람들 만나기를 좋아해. 내가 얼마나 충분한 돈을 모을 수 있을지는 모르겠어. 이것이 현실적인 꿈일지는 모르겠지만 내 꿈을 실현시키기 위하여 열심히 일해야겠지.

07

SMALL TALK

수다떨기

November 24th (6 months in America!!)

Diary…

Do you know where the most important place at work is? I found out… it's the water cooler!

That's where everyone meets to talk about work, TV, sports or gossip.

At first, I was so nervous to go there, because I didn't feel comfortable speaking English. So… I was thirsty all the time ㅠㅠ

But now, I like talking to my co-workers about so many different topics.

Does this mean I'm becoming a real American? ㅋㅋㅋ

Real American Min-Su :-P

11월 24일 (미국 생활 어언 6개월 째!!)

내 이기

직장에서 가장 중요한 장소가 어딘 줄 알아? 난 그곳을 알아냈지. 정수기 근처 (탕비실)야. 그곳은 바로 모든 직원들이 만나서 일, TV, 스포츠, 또는 가십거리에 대하여 말하는 곳이지.

처음에 난 그곳에 가기가 참으로 긴장 되었어. 왜냐면 영어로 말하기가 편치 않았거든. 그래서 항상 목이 말라 죽는 줄 알았어. ㅜㅜ

그러나 지금은 동료들과 여러 가지 많은 주제들에 대하여 대화하는 것을 즐겨.

이런 감정은 내가 진짜 미국인이 되어간다는 뜻일까? ㅋㅋㅋ

진짜 미국인 민수 :-P

1. Asking/thanking for a favor

A: Could you lend me 10 bucks?

A: Can I borrow your car this afternoon?

B: Alright. You can pay me back whenever.

B: Sure, but please bring it back before 6 p.m.

A: Thank you so much.

A: Thanks. You're a lifesaver!

B: No problem.

B: I'm always glad to help.

 해석

A: 나 10불만 꿔줄래?

B: 그래. 언제든지 갚아.

A: 너무 고마워.

B: 뭘 그런걸로.

A: 오늘 오후에 네 차 좀 빌려 써도 되니?

B: 그럼! 그런데 오후 6시 전엔 가져와.

A: 고마워. 너 때문에 살았다!

B: 도움을 주는 일은 항상 기뻐.

Vocabulary

• buck[bʌk] 달러(dollar)의 비격식 명칭

• whenever[ʰwenévər] 언제든지

• a lifesaver[láifsèivər] 궁지를 벗어나게 해 주는 것, 생명의 은인

I. 부탁하기와 부탁에 대한 감사의 표현

A: Could you babysit my kids this weekend?

A: Can you substitute for me at work today?

B: Of course, I love spending time with your boys.

B: OK. I'll teach your class today.

A: I owe you one.

A: I'll make it up to you later.

B: It's my pleasure.

B: Don't mention it.

해석

A: 이번 주말 저희 애들 좀 봐줄 수 있으세요?

B: 물론이죠. 저는 당신의 아이들과 시간을 보내기 좋아한답니다.

A: 신세 좀 질게요.

B: 제가 좋아서 하는 건데요 뭘.

A: 오늘 내 대신 일 좀 해줄 수 있겠니?

B: 좋아. 오늘 네 수업을 내가 대신 맡을게.

A: 신세는 나중에 꼭 갚을게.

B: 괜찮아.

Vocabulary

- babysit[béibisit] (부모가 외출한 동안) 아이를 봐 주다
- owe someone something 빚지다, 신세를 지다
- substitute[sʌ́bstitjùːt] (다른 누구 · 무엇을) 대신하는 사람, 대체물, 교체 선수

2. Weather

A: How's the weather today?	A: How does the weather look today?
B: I heard it's going to rain.	B: Perfect! Not a cloud in the sky!
A: Hopefully it will stop before this evening.	A: That's great. Do you think I should put on sunscreen / sunblock?
B: It's unlikely. The weather forecaster said it's expected to continue for several days.	B: Definitely. You should probably bring a hat and sunglasses too.

 해석

A: 오늘 날씨 어때요?
B: 비가 올 거라고 들었어요.
A: 저녁 전에는 그쳤으면 좋겠어요.
B: 불행하게도 그럴 것 같지는 않네요. 일기예보에서 며칠 동안 비가 계속 올 거라고 했어요.

A: 오늘 날씨가 어떨까요?
B: 구름 한 점 없는 완벽한 날씨래요!
A: 좋네요. 자외선 차단제를 발라야 할까요?
B: 당연하죠. 모자랑 선글라스도 가져오세요.

민수의 날씨 단어

- drizzling [drízliŋ] 이슬비
- thunderstorm [θʌndərstɔ̀:rm] 우뢰 폭우
- blizzard [blízərd] 눈보라
- drought [draut] 가뭄
- overcast [óuvərkæ̀st] 흐린

- light showers [lait ʃáuər] 잠시 내리는 소나기
- heat wave [hi:t weiv] 혹서, 열파
- partly cloudy [pá:rtli kláudi] 가끔 구름 낌
- hail storm [heil stɔ:rm] 우박을 동반한 폭풍

2. 날씨

A: Do you think it's going to rain today?

B: It's hard to tell. The skies look gray, but it's not raining yet.

A: Yeah. Those dark clouds don't look good. Maybe it'll start drizzling soon.

B: I just hope it doesn't turn into a thunderstorm.

A: Do you think the weather will be good today?

B: No, it's snowing pretty heavily. Maybe we'd better stay inside.

A: Again? I'm starting to worry about this weather. It gets worse every winter!

B: Yeah, we're having record-breaking levels of snow this year.

해석

A: 오늘 비가 올까요?

B: 글쎄요, 예측하기 힘드네요. 하늘은 찌뿌둥하긴 한데 아직 비가 오지는 않아요.

A: 네. 잔뜩 흐린 구름이 보기 좋지는 않네요. 곧 부슬비가 내릴 것 같아요.

B: 천둥, 번개 치면서 비가 오지는 않았으면 좋겠어요.

A: 오늘 날씨가 좋을까요?

B: 아니요. 눈이 엄청나게 올 거예요. 그냥 집에 있는게 좋을 거예요.

A: 눈이 또 온다고요? 날씨가 걱정되네요. 겨울마다 날씨가 점점 나빠지고 있어요!

B: 맞아요. 올해의 눈은 기록을 깰 만한 전무후무한 수준이죠.

Vocabulary

- weather forecaster [wéðər fɔːrkǽstər] 기상예보관
- recordbreaking [rikɔ̀ːrdbréikiŋ] 기록을 깰 만한
- level [lévl] (특정한 시간적 상황에 존재하는 양의) 정도
- sunscreen/sunblock 자외선 차단제
- again [əgén] 한 번 더, 다시

3. Health and exercise

A: I've put on weight recently.

B: Why don't you join a gym?

A: I don't think I have time.

B: That's just a bad excuse. You can easily manage an hour or two after work.

A: I'm out of shape these days.

B: Why don't you play some team sports? You can make new friends while getting in shape.

A: I don't really like team sports, and I'm not good at ball sports.

B: Then practice swimming or boxing! That will help to increase your stamina too.

해석

A: 나 요즘 살쪘어.

B: 헬스장 좀 다니지 그래?

A: 운동할 시간이 없잖아.

B: 그건 좀 구차한 변명 같아.
   퇴근하고 한 두 시간쯤은 어떻게든 시간을 낼 수 있잖아.

A: 요새 몸이 완전 망가졌어.

B: 단체 운동을 좀 해보는 건 어때?
   운동하며 몸을 좀 만드는 동안 친구들도 사귈 수 있잖아.

A: 나 단체 운동 별로 좋아하지 않아.
   구기종목도 별로야.

B: 그렇다면 수영이나 권투를 연습해봐!
   체력 증진에도 도움이 될 거야.

"shape"를 이용하여 상태 말하기

• "I'm in (good) shape." 좋은 상태, 몸매가 보기 좋은 건강한 상태.

• "I'm in (bad) shape." 혹은 "I'm out of shape."
  건강 상태가 좋지 않거나 혹은 몸매가 보기 좋지 않음.

• "get in shape." 더 좋은 몸매를 위하여 운동하다.

3. 건강과 운동

A: I'm getting flabby. Look at these love handles!

B: Maybe you should go on a diet.

A: I've tried lots of diets, but they never seem to work. I have a sweet tooth.

B: Then, maybe you need to exercise more. Try doing some pushups and crunches at home.

A: I'm not satisfied with my appearance.

B: What are you talking about? You look fine!

A: No, I've put on 3 kilos since December.

B: Hey, you're making me feel embarrassed now! You're much skinnier than I am.

 해석

A: 나 살이 점점 늘어지고 있어.
　　이 옆구리 살 좀 봐!
B: 다이어트 좀 해야겠네.
A: 그 동안 갖가지 다이어트를 시도해 봤는
　　데 별로 효과가 있지는 않아요.
　　제가 단 음식을 너무 좋아해서요.
B: 그러면 운동을 좀 더 하셔야겠군요.
　　푸쉬업이나 복근 운동을 집에서 해보세요.

A: 내 외모가 마음에 안들어.
B: 그게 무슨 소리야? 넌 좋아 보인다구!
A: 아니야. 12월 이후로 3킬로나 쪘어.
B: 야, 네가 나를 부끄럽게 하는구나!
　　네가 나보다 훨씬 말랐잖아.

Vocabulary

- bad excuse 구차한 변명
- team sports 단체 운동
- sweet tooth 단것을 좋아함
- crunches[krʌntʃ] 복근운동
- gain/put on weight 살 찌다, 체중이 증가하다
- love handles 옆구리 살
- stamina[stǽmənə] 스태미나, 체력
- manage something ~를 다루다, 취급하다
- go on a diet 식이요법, 다이어트를 하다
- pushup[puʃʌp] 팔 굽혀 펴기 운동
- embarrassed[imbǽrəst] 부끄러운, 거북한
- skinny / skinnier 마른 / 더 마른
- increase[inkríːs] 증대시키다, 번식하다
- flabby[flǽbi] 축 늘어진, 무기력한, 무른

139

4. Fashion

A: Wow, that dress is so pretty.

A: I just love your dress!

B: Thanks! I bought it at Neiman's last week.

B: Thanks. It was a present from my boyfriend.

A: Was it expensive?

A: It looks great on you. A perfect fit!

B: Not really. They're having a summer sale now.

B: Really? You don't think it's too revealing?

해석

A: 와! 그 원피스 너무 예뻐요!

B: 고마워요! 지난주에 Neiman에서 샀어요.

A: 비싼가요?

B: 별로 비싸지 않아요.
　지금 여름 할인 기간 중 이라서요.

A: 네 원피스 너무 마음에 든다!

B: 고마워. 남자 친구가 선물해 준거야.

A: 너한테 잘 어울리는데. 맞춤옷처럼 딱 잘 맞고.

B: 그래? 너무 심하게 파진 것 같지는 않니?

Vocabulary

• Neiman Marcus 나만 마커스, 미국에 있는 백화점
• a perfect[pə́:rfikt] fit (모양·크기가 어떤 사람·사물에) 완벽히 맞는
• revealing[rivíːliŋ] 노출이 심한

4. 패션

A: Where did you buy that gorgeous dress?

B: I bought it online, actually.

A: Isn't it inconvenient to order clothes online?

B: Not at all!
They have a really good return policy.

A: I heard that animal print dresses are "in" this season.

B: Yeah. It seems like a lot of the big brands are selling them now.

A: Do you think that trend will last?

B: Probably not. Trends change so quickly nowadays.

해석

A: 그 멋진 원피스는 어디서 샀어요?

B: 실은 온라인으로 구매한 거에요.

A: 온라인으로 옷을 사는 것이 불편하지는 않아요?

B: 전혀 아니에요!
반품 정책도 꽤나 잘 되어있고요.

A: 애니멀 프린트 원피스가 요즘 유행이라면서요?

B: 맞아요. 여러 유명 브랜드에서 요즘 많이 팔고 있는 것 같아요.

A: 그런 유행이 계속될까요?

B: 아마도 아닐걸요.
유행이란게 요즘은 자주 바뀌잖아요.

Vocabulary

- gorgeous[ɡɔ́ːrdʒəs] 우아한
- inconvenient[ìnkənví:njənt] 불편한
- animal print 동물 무늬 프린트
- brand 상표
- nowadays[náuədèiz] 요즘, 요새
- online 유선상의
- return policy 환불 정책, 방침
- to be "in" 유명 브랜드
- trend[trend] 유행
- clothes[klouz] 옷, 의복

5. Gossip

A: Did you hear about Claus?

A: Have you heard the news about Elizabeth?

B: No, what happened?

B: No. What's going on?

A: I heard he's getting a promotion and a new office.

A: Brandon told me she was getting a divorce.

B: I think that's just a rumor. But I hope it's true. He deserves it.

B: I don't want to gossip about her private life. It doesn't concern me.

해석

A: 클라우스 얘기 들었어?

B: 아니, 무슨 일인데?

A: 승진하면서 새 사무실을 얻을것이라 들었어.

B: 그건 그냥 소문인 것 같아. 그렇지만 사실이 었으면 좋겠어.
그 친구 그럴만한 자격이 있잖아.

A: 엘리자베스 소식 들었어요?

B: 아니요. 무슨 일이 있어요?

A: 브랜던이 말해줬는데 그녀가 이혼 할거래요.

B: 그녀의 사생활에 대하여 뒷말하고 싶지는 않아요. 나랑 아무 상관도 없고요.

Vocabulary

- promotion[prəmóuʃən] 승진
- divorce[divɔ́ːrs] 이혼
- concern[kənsə́ːrn] 걱정하다, 영향을 미치다
- Brandon[bréndon] 브랜던

- rumor[rúːmər] 소문, 루머
- gossip[ɡásəp] 험담, 뜬소문
- Elizabeth[ilízəbəθ] 엘리자베스
- private[práivət] 사적인

5. 소문

A: Do you know what's going on with our manager?

B: What do you mean?

A: She wasn't at work last week.

B: I heard from Janelle that she's recovering from an operation. She'll be back next week.

A: Do you have any office gossip?

B: Not really. Everyone gets along.

A: That's so boring!

B: Maybe, but I prefer a boring atmosphere rather than a tense one.

 해석

A: 우리 매니저에게 무슨 일이 생긴 줄 알아?

B: 무슨 말이야?

A: 매니저님 지난주 출근 안 했잖아.

B: 쟈넬한테 들었는데 그녀가 수술하고 이제 회복 중이래. 다음 주에나 출근할거라던데.

A: 사무실에 뭐 가십거리 없어?

B: 별로 없어요. 모두들 어울려서 잘 지내고 있거든요.

A: 재미없네!

B: 그럴 수도 있겠죠. 하지만 전 이게 긴장된 분위기 보다는 더 나은 것 같아요.

Vocabulary

- recovering[rikʌvər] 회복하다
- boring[bɔ́ːriŋ] 지루한
- Janelle[ja:nél] 쟈넬

- operation[àpəréiʃən] 수술, 조작, 운전, 연산
- tense atmosphere[tens ǽtməsfiər] 긴장감
- prefer[prifɔ́ː(r)] 선호하다, ~보다 낫다

1)

Isn't it ~ 이지 않아요?	inconvenient 불편한 hard 힘든 difficult 어려운 easy 쉬운 simple 단순한 fun 재미있는 exciting 흥미진진한	to ~ 하기	order clothes online? 온라인으로 옷을 주문 get to work on time? 제 시간에 직장에 도착 cook dinner for yourself? 직접 저녁식사 요리 live with your parents? 당신의 부모님들과 함께 살다 constantly work overtime? 계속 초과 근무 date an older woman? 연상의 여자와 사귀기

2)

These 이 (복수형) Those 저 (복수형)	pants 바지가 sunglasses 썬글라스가 shoes 신발이 earrings 귀걸이가	fit 맞네요 suit 어울리네요	you 당신에게 me 나에게	well. 아주 잘 perfectly. 완벽하게 beautifully. 예쁘게
This 이 (단수형) That 저 (단수형)	dress 원피스가 hat 모자가 style 스타일이	doesn't suit 어울리지 않아요 doesn't fit 맞지 않아요	him 그에게 her 그녀에게	at all. 전혀 anymore. 더 이상

3)

I heard it's going to ~ 할 것이라고 들었어요. It looks like it's going to ~ 할 것처럼 보인다.	rain 비가 오다 snow 눈이 오다 be sunny 화창한 get colder 더 추워지다	tonight. 오늘 밤 this weekend. 이번 주말 this winter. 올 겨울 soon. 곧

1. "looks" and "looks like"

looks like

이 표현은 어떤 것의 겉 모습이나 그것이 무엇과 닮았는지를 설명합니다. 이는 대체로 어떤 것에 대한 당신의 의견을 나타내는 것입니다. 또한 두 가지를 비교할 때 사용하기도 합니다.

의견 :   It looks like it's going to rain. 비가 올 것 같아요.

비교 :   I look like my father. 나는 우리 아빠를 닮았어.

(It) looks

어떤 것으로부터 느끼는 당신의 감정을 표현 할 때 사용합니다. 당신이 어떻게 느끼게 되었는지를 표현합니다.

인상 :   The movie looks fun. 그 영화는 재미있어 보인다.

인상 :   That road doesn't look safe. 그 길은 안전하게 보이지 않아요.

'(It) looks'는 뒤에 형용사와 함께 쓰이는 반면에 '(It) looks like' 는 이어서 명사 또는 대명사와 함께 쓰인다는 사실을 알아두세요. 종종 다음의 두 가지 표현이 겹쳐 사용되며 유사한 의미를 지니는 경우도 있습니다.

You look tired. 당신은 피곤해 보이네요.

You look like you are tired. 당신은 피곤한 것처럼 보여요.

그러나 때로는 그 결과가 다르기도 합니다.

You look pregnant. 당신은 아기를 가진 듯 보여요.

You look like you are pregnant. 당신은 마치 아기를 가진 것처럼 살쪄 보여요.

위의 두 표현의 차이점이 동일하게 단기간에 알게 된 어떤 것의 인상에 대하여 말할 때 "seems" and "seems like" 혹은 누군가가 한 말이나 어떤 소식에 대한 인상을 말할 때 "sounds"와 "sounds like" 에서도 동일하게 적용할 수 있습니다.

Thomas' 말하기 쓰기
Exercises 문장에 어울리는 올바른 답을 고르세요.

❶ I just love your dress.

    ① It's a beautiful dress.   ② Thanks, I bought it on sale.

❷ I'm not satisfied with my appearance.

    ① You look flabby these days.   ② Why don't you do some crunches?

❸ What's going on with our manager?

    ① I hear she's having a divorce.   ② I think she's leaving at three o'clock.

❹ I heard that miniskirts are in this season.

    ① I think it's getting colder too.   ② Yes, they're very popular.

❺ I think it might start drizzling soon.

    ① OK, I'll get my sunscreen.   ② Then let's stay inside.

❻ Here, you can borrow my laptop.

    ① Alright, I'll lend it to you.   ② Thanks, I'll make it up to you later.

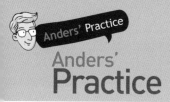
❶ 날씨에 대해 묘사해보세요. 좋아하는 날씨의 종류가 무엇인가요? 왜 그런 날씨를 좋아하나요?

➡ _____

_____

_____

_____

❷ 여러분의 몸매는 어떤가요? 좋은 몸매를 유지하기 위하여 어떤 운동을 하시나요? 건강에 좋지 않은 습관이 있나요? 여러분의 건강을 위해 무언가를 하나요? 당신 몸매에 만족 하나요?

➡ _____

_____

_____

_____

❸ 최근에 구입한 구두에 대하여 학급의 친구들에게 말해보세요. 어떤 브랜드를 좋아하나요? 옷은 주로 어디에서 구입하나요? 비싼 옷을 사나요? 구입한 구두는 잘 어울리나요?

➡ _____

_____

_____

_____

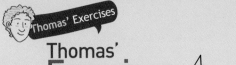
❶ I just love your dress. 당신의 원피스가 맘에 들어요.

① It's a beautiful dress.
예쁜 원피스입니다.

② Thanks, I bought it on sale.
고마워요. 할인할 때 샀어요.

❷ I'm not satisfied with my appearance. 난 내 외모가 마음에 안 들어.

① You look flabby these days.
너 요새 살찐 것 같구나.

② Why don't you do some crunches?
윗몸 일으키기를 좀 해보는 건 어때?

❸ What's going on with our manager? 우리 매니저에게 무슨 일 있는거야?

① I hear she's having a divorce.
그녀가 이혼한다고 들었어.

② I think she's leaving at three o'clock.
3시에 그녀가 떠날 것 같아.

❹ I heard that miniskirts are in this season. 미니스커트가 유행이라고 들었어요.

① I think it's getting colder too.
더 추워질 것 같아요.

② Yes, they're very popular.
네. 매우 인기가 있죠.

❺ I think it might start drizzling soon. 곧 이슬비가 내릴 것 같아요.

① OK, I'll get my sunscreen.
그래요. 자외선 차단제을 가져갈게요.

② Then let's stay inside.
그렇다면 그냥 집에 있어요.

❻ Here, you can borrow my laptop. 여기 제 노트북 컴퓨터를 빌려가세요.

① Alright, I'll lend it to you.
좋아요. 이것을 빌려드릴께요.

② Thanks, I'll make it up to you later.
나중에 신세 갚을게요.

① I prefer sunny weather. I get depressed when I see gray skies and drizzling rain. I like it when it's hot and humid. Many people hate this kind of weather, but I'm used to it.

저는 맑은 날씨를 더 선호합니다. 회색 하늘과 부슬비가 내릴 때에는 기분이 우울해지거든요. 저는 덥고 습한 날씨가 좋아요. 많은 사람들이 이런 날씨를 싫어하지만 전 이런 날씨에 익숙해요.

② I'm not good at staying in shape. I get tired easily. I think it's because I'm not sleeping enough. I have no energy to exercise, so it's hard for me to lose weight. I'm getting love handles. And I probably drink too much coffee too. As you can tell, I'm not really satisfied with my appearance.

저는 좋은 몸매를 유지하는 것에는 재주가 없어요. 곧 실증을 내죠. 그 이유는 아마도 제가 충분한 수면을 취하지 않기 때문인 것 같아요. 운동을 할 기운도 없고요. 그래서 살을 빼기가 저에게는 어려운 일이랍니다. 배 둘레에 살이 찌고 있어요. 커피도 너무 많이 마시는 것 같고요. 아시다시피 저는 제 외모에 만족하지 못해요.

③ I recently bought a new trendy pair of shoes. They're a designer brand, and the new model just came out for the summer season. Normally, I shop for clothes online, and would never buy such expensive clothes. But the store was having a summer sale, so I splurged! I think they suit me quite well.

저는 최근에 요즘 유행하는 구두를 한 켤레 구입했습니다. 여름 신상품으로 출시되었는데 명품이죠. 보통 저는 구두, 옷등을 온라인으로 쇼핑을 하고 그런 비싼 제품은 전혀 구입하지는 않거든요. 하지만 매장에서 여름 할인 행사를 해서 돈을 신나게 썼습니다. 새 구두가 저에게 꽤나 잘 어울리는 것 같습니다.

08

LOVE AND ROMANCE
사랑과 로맨스

December 21st

Oh my god!
Something great has happened to me!
I think I'm in love!
I met a girl at the photo studio where I'm working. Her name is Katie, and she's an assistant. She's 26, and she's also soooooooooo········· cute! *^^*
I was so nervous to ask her out, but luckily she said yes!
I can't wait for our first date. Hopefully we'll become a couple soon.

Min-Su in love!

12월 21일

오 마이 갓!
엄청 좋은 일이 일어났어. 나 사랑에 빠진 것 같아.
일하고 있는 곳의 사진 스튜디오에서 한 여자애를 만났는데 케이티라는 이름의 보조 직원이야.
26세이고 완전, 엄청, 겁나, 짱!!!!!!!!!!! 귀요미!!!!!!!!!!!!!!!!!
걔한테 떨리는 마음으로 데이트 신청을 했는데 다행이 걔가 나를 만나겠대!!!
첫 데이트를 더 이상 못 기다리겠어!
빨리 우리가 커플이 되면 좋겠어.

사랑에 빠진 민수

1. Asking someone out

A: Katie, are you doing anything this Friday?
Wanna have dinner with me?

A: Katie, I know this is unexpected… but will you go out with me?

B: Sure, I'd love to!

B: Wow… what a surprise! Hmm… OK… the answer is "yes".

A: That's great. Can I pick you up after work?

A: What a relief! I was so nervous to ask you out.

B: Ok, I'll be waiting for you!

B: I'm really happy that you did. I've had a crush on you for a long time.

 해석

A: 케이티, 이번 금요일에 뭐 아무것도 안해요?
저랑 저녁 같이 할래요?
B: 네, 너무 좋아요!
A: 좋아요, 그럼 제가 퇴근 후 모시러 갈까요?
B: 네, 기다리고 있을게요.

A: 케이티, 좀 당황스럽겠지만... 나랑 사귈래?
B: 와우~ 놀랐는데! 음... 내 답은... "예스".
A: 다행이야. 데이트 신청할 때 완전 떨렸거든.
B: 데이트 신청 해 줘서 너무 행복해. 나도 너에게
꽤 오래 전부터 좋은 감정이 있었거든.

내가 찾아낸 구어체 축약 표현

- wanna[wánə] = want to 원하다
- kinda[káində] = kind of 어느 정도의, 뭐
- gimme[gími] = give me ~를 주세요
- lemme[lémi] = let me ~ 하게 해주세요
- gotta[gátə] = got to ~해야만 한다

A: Katie, I really like you.
I think we should start dating.

A: Hi there. Can I buy you a drink?

B: Minsu… I've never thought about you like that before!

B: Excuse me?
Are you hitting on me?

A: I've thought a lot about this, and I want to take our friendship to the next stage.

A: No…
I just want to get to know you better.

B: I don't know what to say…
I think I need more time to think about it.

B: I don't think that's a good idea. I have a boyfriend already.

 해석

A: 케이티, 난 네가 정말 맘에 들어.
　 우리 이제부터 사귀는 거야.

B: 민수, 그런 식으로 너를 생각해본 적은 없어.

A: 고민해봤는데 이제 우리 친구하는거 말고
　 다음 진도를 좀 나가야겠어.

B: 뭐라고 말해야 할지 모르겠네.
　 좀 더 생각할 시간이 필요해.

A: 안녕하세요, 술 한잔 대접해도 될까요?

B: 저기요! 지금 저한테 작업 거는 거예요?

A: 그렇다기 보다는…
　 그쪽을 좀 더 잘 알고 싶어서요.

B: 이건 별로 좋은 생각 같지는 않네요.
　 전 이미 남자 친구가 있거든요.

Vocabulary

- unexpected[ʌ̀nikspéktid] 예상하지 못한
- have a crush on someone ~에게 한눈에 반하다
- hit on someone ~에게 작업, 수작을 걸다

- a relief[rilíːf] 안도, 안심, 경감
- before[bifɔ́ː(r)] 전에
- already[ɔːlrédi] 이미, 벌써

2. In love

A: I'm mad about Katie.

A: I can't stop thinking about Katie.

B: Wow, you seem to really like her.

B: It sounds like you're really in love.

A: Yes, I think she's the one for me. I hope it lasts!

A: I think so too.
I feel like we are meant to be!

B: Me too. I'm sure you'll have a great future together.

B: It sounds great!
I wish it were me.

해석

A: 나 케이티한테 미쳤나봐.

B: 왜! 너 걔 완전 좋아하나보다.

A: 어. 그녀와 나는 정말 인연인 것 같아.
계속 잘 되면 좋겠어.

B: 나도 너희가 행복한 미래를 함께 하기를 바래.

A: 나 케이티가 계속 생각나.

B: 너 아무래도 사랑에 빠진 것 같구나.

A: 내 생각도 그래.
우린 완전 천생연분인 것 같은 느낌이야

B: 정말 좋네, 나도 사랑에 빠졌으면 좋겠어.

누군가를 정말 많이 좋아하면 :

• I'm	nuts / crazy / mad / wild	about her/him.
나는	미친 듯이 / 열렬하게 / 아주 많이 / 엄청나게 좋아합니다	그녀/그를

누군가가 여러분을 화나게 혹은 좌절시키면 :

• He / She	drives me	nuts / crazy / mad.
그/그녀가	나를 ~해	미치게 / 짜증나게 / 열받게 합니다.

2. 사랑에 빠지다

A: I'm nuts about Katie!

A: I'm so in love with Katie.

B: It sounds like she's really special to you.

B: Do you think she feels the same way?

A: She is! I can tell she's the one I've been looking for.

A: Of course! I can tell how much she loves me.

B: Sounds serious. I've got my fingers crossed for you.

B: OK. Just don't move too fast. You might scare her away.

 해석

A: 나 케이티한테 푹 빠졌나봐.
B: 그녀가 너한텐 무지 특별한 사람 같구나.
A: 맞아. 그녀는 내가 찾던 바로 그 여자라는 걸 알 수 있어.
B: 얘 상태 장난 아니게 심각하구만. 잘 되길 바란다.

A: 나 케이티에게 사랑에 빠졌어.
B: 그 애도 너랑 같은 감정이야?
A: 당연하지! 나를 얼마나 사랑하는지 느낄 수 있다구.
B: 좋아. 그런데 너무 그렇게 들이대지는 마라. 그러다가 그 애가 놀라서 도망가면 어쩔래.

Vocabulary

- to last 계속되다, 지속되다
- (it) sounds serious 심각한 소리로 들리는
- move too fast 심하게 서두르다
- meant to be[ment] ~하게 되어있는, 운명적인
- fingers crossed[fíŋgər krɔ(:)st] 행운을 빌다
- scare someone away[skɛər] 겁을 주어 도망하게 하다

3. Marriage

A: Have you heard the news? Seung-woo and I are getting married.

A: We've finally decided to get married this fall.

B: When is the ceremony?

B: Are you sure that's what you want to do?
You're both very young.

A: We're having a church wedding / outdoor wedding / modest wedding / in April.

A: We've thought about this a lot. We can't imagine living without each other.

B: Wow, a spring wedding. How romantic!

B: In that case, you have my blessing.

해석

A: 소식 들으셨어요? 승우씨와 저 곧 결혼해요.

B: 결혼식이 언제인가요?

A: 4월에 교회에서/야외에서/조촐하게 결혼식을 한답니다.

B: 와우! 봄에 결혼이라, 너무 낭만적이예요!

A: 마침내 우리 올 가을에 결혼하기로 했어요.

B: 정말 그 결혼을 하고 싶은 거야?
너희 둘은 아직 너무 어려!

A: 우리도 이 결혼에 대해 생각 많이 했어요.
우린 서로가 없는 삶을 상상할 수 도 없어요.

B: 그렇다면 너희를 축복할게.

토마스가 그러는데 내가 "부러워"라는 말을 "I envy you."라고 해석할 때 그 말은
듣는 사람을 불편하게 만든대 ㅠㅠ. "envy"는 영어에서는 부정적인 의미의 단어
이기 때문에 누군가가 자신들의 긍정적인 소식을 전할 때 "envy"라고 답변을 하면
이상하게 들린다는거야.
그 대신 "I'm happy for you."라고 말하는 것이 더 좋대.

3. 결혼

A: Seung-woo and I finally decided to tie the knot.

A: Seung-woo finally popped the question.

B: Congratulations! I'm so happy for you two!

B: Where are you going for your honeymoon?

A: We had been dating for a long time. We felt it was now or never.

A: I've bought two first-class tickets to Hawaii.

B: I think you made the right decision. I hope you'll be happy together.

B: That sounds like a perfect plan.

 해석

A: 승우와 저 마침내 결혼하려고요.

B: 축하해요. 두 분이 너무 부럽네요.

A: 그 동안 연애를 너무 많이 했거든요.
  이젠 결혼을 하지 않으면 안될 것 같은
  느낌이 드네요.

B: 결정 잘 하신 것 같아요.
  두 분이 서로 행복하시길 바래요.

A: 승우씨가 마침내 청혼을 했어요.

B: 신혼 여행은 어디로 가실 거예요?

A: 하와이 행 일등석 표를 샀답니다.

B: 완벽한 계획 같군요!

Vocabulary

- ceremony [sérəmòuni] 예식, 의식
- tie the knot [nɑt] 결혼하다
- honeymoon [hʌ́nimùːn] 신혼 여행

- blessing [blésiŋ] 축복
- pop the question [kwéstʃən] 구혼하다
- congratulation [kəngrætʃuléiʃn] 축하 (인사)

4. Breaking up

A: I think we should see other people.

A: I think we should break up.

B: I agree. Things aren't working out for us.

B: OK, if that's what you want.

A: I hope you can meet someone better.

A: I'll always love you, but I don't think we're right for each other.

B: You'll always have a place in my heart.

B: I hope we can still be friends.

해석

A: 우리 서로 다른 사람을 만나는게 좋을 것 같아.

B: 나도 같은 생각이야.

우린 이제 더 이상 아닌 것 같아.

A: 네가 누군가 더 좋은 사람을 만나기 바래.

B: 넌 언제까지나 내 마음 속에 있을 거야.

A: 이쯤에서 우리 끝내자.

B: 좋아. 네가 원하는게 그거라면.

A: 난 너를 항상 사랑하겠지만 우리가 서로 맞지는 않는 것 같아.

B: 하지만 우리가 친구로서 잘 지내기를 바래.

Vocabulary

• see other people 다른 사람과 데이트하다, 교제하다

• We're not right for each other. 우리는 서로 맞지 않는 것 같다.

4. 결별

A: I'm tired of fighting all the time. Let's just call it quits.

A: I hate you! We're done.

B: Please don't leave me. I can change!

B: How can you say that? You told me you loved me!

A: I think it's too late for that. We're not meant to be.

A: That was then. But you're always getting on my nerves now!

B: I'll never get over you.

B: I never want to see you again!

A: 너랑 만날 싸우는데 지쳤어.
    우리 이제 그만 끝내자.
B: 제발 나를 떠나지 말아줘. 내가 변할게!
A: 그러기엔 너무 늦은 것 같아.
    우리 인연이 아닌가봐.
B: 너를 절대로 잊을 수 없을 거야.

A: 너 정말 짜증나! 우린 이제 끝이야!
B: 어떻게 그렇게 말할 수 있어?
    사랑한다고 말해놓고!
A: 전엔 그랬지.
    하지만 넌 항상 내 신경을 건드리잖아.
B: 널 절대로 다시 보고 싶지 않아!

Vocabulary

• call it quits. 그만두다, 끝내다.
• get over someone / something 극복하다

• get on someone's nerves[nə:rv] 신경을 건드리다

5. Ideal types

A: I'm looking for my soul mate.

A: I want a woman who will knock me off my feet.

B: What's your ideal type?

B: You're too hard to please. You always have unrealistic expectations.

A: Appearance or money doesn't matter to me. I just want to find someone who will love me unconditionally.

A: I just want to meet someone who looks like Jeon Ji-hyun! Why is that so hard?

B: That's hard to find. You'll have to be patient.

B: Hey, you're too picky! You need to lower your standards.

 해석

A: 저는 인생의 반쪽을 찾고 있어요.
B: 당신의 이상형은 어떤 사람인가요?
A: 저에게 외모와 돈은 상관없어요.
　　저는 누군가 저를 무조건 절대적으로 사랑해
　　줄 사람을 원해요.
B: 그런 분은 찾기 힘들겠는데요.
　　인내심을 가지셔야 하겠어요.

A: 나를 확 사로 잡을 만한 매력이 있는 그런
　　여자를 원해.
B: 널 만족시킬 수 있는 여자가 누가 있겠니!
　　넌 항상 비현실적인 기대를 하잖아.
A: 난 단지 전지현 같은 외모의 여자를 만나고
　　싶을 뿐이야! 왜 그게 그렇게 어려운걸까?
B: 야, 너 너무 까다롭다!
　　넌 그 눈 높이를 좀 낮춰야겠어.

Vocabulary

• soul mate 영혼의 짝, 인생의 반쪽
• appearance[əpí(:)ərəns] 외모, 겉모습
• unconditional love[ʌnkəndíʃənəl] 무조건적인, 절대적인 사랑
• knock me off my feet 매력이나 예술적 솜씨로 ~를 압도하다
• unrealistic expectations[ʌnriːəlístik èkspektéiʃən] 비현실적인 기대
• lower / raise your standards.[reiz] 눈 높이를 낮추다 /높이다

• ideal type 이상형
• picky[píki] 까다로운

5. 이상형

A: I'm attracted to the wrong kind of men.

B: You mean, you like "bad boys"?

A: Unfortunately.
I'm drawn to guys who don't treat me very well.

B: Maybe you shouldn't be so desperate.
Next time, play hard to get.

A: I wish I could meet the right woman for me.

B: What about Hannah?
She seems like your type.

A: We get along well, but there's no spark between us.
We're not compatible.

B: Maybe you just need to give her a chance.
Don't judge her.

 해석

A: 난 영 아닌 종류의 남자들한테 끌려.
B: 그 말은 "나쁜 남자들"을 좋아한다는 거야?
A: 불행하게도. 나에게 잘 대하지 않는 남자들에게 매력을 느껴.
B: 너 너무 절박해지면 안되겠다. 다음 번엔 밀당 (밀고 당기고)을 좀 해봐.

A: 나에게 딱 맞는 여자를 만났으면 해.
B: 한나 어때? 네 스타일 같은데.
A: 우린 잘 지내지, 하지만 우리 사이에는 뭔가 찌릿한 감정이 없어서 연결될 수 없을 것 같아.
B: 그렇게 단정짓지 말고 그녀도 한 번 더 생각해 봐.

Vocabulary

- attracted to[ətrǽkt] ~에게 매력을 느끼다
- bad boys 나쁜 남자들
- drawn to[drɔːn] ~에게 끌리다
- desperate[déspərit] 절박한, 절실한
- play hard to get (초대 등을 즉각 받아들이지 않고) 비싸게 굴다
- no spark between us 우리 둘 사이엔 불꽃이 튀지 않아
- compatible[kəmpǽtəbl] (두 사람이 생각 · 흥미 등이 비슷하여) 화합할 수 있는
- give someone a chance 기회를 주다
- judge someone[ʤʌʤ] 누군가를 단정하여 판단하다
- unfortunately[ʌnfɔ́ːrtʃənətli] 불행하게도, 공교롭게도
- Hannah[hǽnə]

161

1)

I'm 난	in love attracted infatuated turned on interested	with 사랑에 빠졌어요. to 끌려요. with 미쳐있어요. by 빠졌어요. in 관심 있어요.	her. 그녀와 him. 그에게 my friend. 내 친구에게

2)

I want to 나는 ~하기를 원합니다.	date 데이트 하기 go out with ~와 사귀기 go steady with ~와 교제하기 break up with ~와 헤어지기 have sex with ~와 잠자리를 함께 하기를 make love to ~와 사랑을 나누기를	her. 그녀와 him. 그와

3)

I'm 난	attracted to 매력을 느껴요. drawn to 끌려요. fascinated by 반했어요. crazy about 미쳤나봐요. interested in 관심이 가요.	strong men. 강한 남자에게 someone who has a good sense of humor. 유머 감각이 있는 사람에게 intelligent women. 지적인 여자들에게 girls with glasses. 안경을 쓴 여자들에게 books. 책에

1. 사랑과 관련된 다양한 표현

사랑이라는 단어를 포함한 표현들은 다양하답니다. 그런데 "love"란 여러가지 뉘앙스를 지닌 매우 광범위한 단어이고, 명사와 동사 두 가지로 사용합니다. 그러므로 그 다양한 의미를 혼동하지 않는 것이 중요합니다.

falling in love with = 누군가를 좋아하기 시작할 때

I've been dating Cecillia for two weeks. I think I'm falling in love with her.

쎄실리아와 데이트 한 지 2주가 되었습니다. 아마도 그녀를 좋아하게 된 것 같아요.

being (am) in love = 사랑의 감정의 상태에 있는 경우(명사). 이런 열정의 감정은 때가 되면 변할 수도 있습니다. (난 더 이상 너를 사랑하지 않아.)

I'm in love with Troy. He's the man I want to spend my life with.

저는 트로이를 사랑해요. 그는 인생을 함께하고 싶은 그런 남자입니다.

love (동사) **someone** = 누군가에게 갖고 있는 감정을 말하는데 가족, 친구들, 애완 동물 등 누군가를 사랑할 수 있겠지요.

I've been married to my husband for 15 years. I still love him as much as ever. 저는 남편과 결혼 한 지 15년 되었습니다. 저는 여전히 그를 너무나 사랑합니다.

make love with/to someone = "잠자리를 하다"라는 말의 완곡한 표현입니다.

We made love on our honeymoon. 우리는 신혼 여행에서 사랑을 나눴습니다.

2. I think 와 I don't think 는 의견을 표현 할 때 사용합니다.

의견을 표현하기 위하여 I think를 사용합니다.

I think we should get married. 내 생각에 우리 결혼 해야 할 것 같아.

그러나 그 표현을 부정문으로 표현할 때에는 동사 think의 앞에 'don't'를 붙입니다.

I think we should not get married.　　(X)

→ I don't think we should get married.(O)

내 생각에 우리 결혼하면 안되겠어.

Thomas' 말하기 쓰기
Exercises 옳은 감정이나 관계의 단계에 적당한 표현을 빈칸에 써 넣으세요.

	falling in love	being in love	breaking up
1)			
2)			
3)			
4)			

❶ I think we should start dating.

❷ I have a crush on you.

❸ I'll never get over you.

❹ I hope you can meet someone better.

❺ I hope we can still be friends.

❻ I can tell how much she loves me.

❼ I want to take our friendship to the next stage.

❽ I'm so happy for you two!

❾ It sounds like she's really special to you.

❿ I never want to see you again!

⓫ I want to get to know you better.

⓬ I'm mad about Katie.

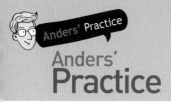

Anders'
Practice

① 짝에게 데이트를 신청하세요. 첫 데이트를 어디에서 하고 싶나요? 어디에서 그리고 언제 만날 지를 결정하세요. A, B로 나누어 연습해 보세요.

➡ _____

_____

_____

_____

② 여러분의 짝이 결혼을 한다고 말합니다. 여러분은 짝에게 뭐라고 말 할건가요? 결혼식은 언제 하는지 물어보세요. A, B로 나누어 연습해 보세요.

➡ _____

_____

_____

_____

③ 여러분의 이상형에 대하여 말해보세요. 여러분과 비슷한 성향의 이성을 원하나요?

➡ _____

_____

_____

_____

Thomas' Exercises *Answers*

falling in love	being in love	breaking up
1) I have a crush on you.	I'm mad about Katie.	I'll never get over you.
2) I think we should start dating.	It sounds like she's really special to you.	I hope you can meet someone better.
3) I want to get to know you better.	I'm so happy for you two!	I hope we can still be friends.
4) I want to take our friendship to the next stage.	I can tell how much she loves me.	I never want to see you again!

사랑에 빠지다	사랑을 하다	결별하다
1) 난 너에게 반했어.	저는 케이티에게 푹 빠졌어요.	너를 절대 잊지 못할거야.
2) 우리 데이트하기 시작 해야 할 것 같아.	그녀는 너에게 정말 특별한 것 같구나.	당신이 좀 더 좋은 사람을 만나기를 바래요.
3) 당신을 좀 더 잘 알고 싶어요.	너희 두 사람이 정말 부러워!	우리가 여전히 친구로 지내길 바래.
4) 이젠 우리의 우정을 다음 단계로 진행시켰으면 좋겠어.	그녀가 나를 얼마나 사랑하는지 알 수 있다구.	난 다시는 너를 만나고 싶지 않아!

Anders'
Practice *Answers*

❶ A: Are you doing anything this Friday?
B: No, why?

A: Would you like to have dinner with me?
B: Sure, I'd love to.

A: Great! Then, let's meet after class.
I'll wait for you by the entrance of the movie theater.

A: 이번 주 금요일에 뭐 하세요?
B: 아뇨, 왜요?

A: 저랑 같이 저녁 식사 하실래요?
B: 그래요. 함께 식사 해요.

A: 좋아요! 그렇다면 수업 후 만납시다. 극장출입구 옆에서 당신을 기다리고 있을게요.

❷ A: I'm getting married to my fiancé!
B: Congratulations! When's the big day?

A: We're going to have a fall wedding.
B: That sounds so romantic. I'm sure it will be a lovely ceremony.

A: 약혼자와 곧 결혼할거예요.
B: 축하해요! 결혼식이 언제인가요?

A: 가을에 결혼할거예요.
B: 너무 낭만적이네요. 분명 사랑스런 결혼식이 될 거라고 믿어요.

❸ I'm looking for someone who is considerate and attentive. Personally, I'm very energetic and sometimes act without thinking. So, I think I need someone who can look after me. I'm usually drawn to men who are quiet and shy. When I feel a spark between us, I'll know that he's the right man for me.

저는 사려 깊고 배려심이 있는 누군가를 찾고 있어요. 개인적으로 저는 매우 활동적이고 생각 없이 행동 할 때가 있습니다. 그렇기 때문에 저를 살펴 줄 누군가가 필요한 것 같아요. 저는 주로 조용하고 내성적인 남자들에게 끌립니다. 그 남자와 저 사이에 찌릿한 감정이 생기면 그 사람이 바로 저에게 맞는 사람인 것을 알게 되죠.

09

HEALTH

건강

January 16th

Sniff sniff… winter is here, and I think I've caught a cold from Katie! -_-;
I'm sneezing and coughing all the time, and my nose is red and stuffy.
I even had to go to the doctor's office. But because I didn't have insurance, it was so expensive!
Now I'm taking medicine and trying to get healthy again.
The doctor said that the most important thing is to eat well and sleep a lot.
So, I'm going back to bed now…

                                                        Min-Su

1월 16일

훌쩍, 훌쩍… 여긴 겨울이야. 그리고 케이티한테 감기가 옮은 것 같아! -_-;
계속 기침하고 재채기하고 내 코는 빨갛고 막히고... ㅜㅜ
병원에 가야했는데 난 보험이 없어서 엄청 비쌌지 뭐야!
지금은 약을 먹고 더 건강해지려고 노력 중이야.
의사 선생님이 잘 먹고 잠을 푹 자는게 제일 중요하다고 하셨어.
그래서 다시 자려고 해…

                                                        민수

1. Doctor's office – making an appointment

A: Hello, I'd like to make an appointment.

A: Can I schedule a consultation this week?

B: When can you come in?

B: On which day?

A: Are there any available times on Tuesday?

A: Can I come in tomorrow?

B: There is an opening in the schedule from 10 to 11.

B: Yes, consultation hours are from 9 to 6.

A: 여보세요? 예약을 하려고 합니다.

A: 이번 주 상담 예약 가능한가요?

B: 언제 오시겠어요?

B: 몇 일을 원하세요?

A: 화요일에 진료 가능한 시간이 있나요??

A: 내일 가도 되나요?

B: 10~11시 사이에 가능한 시간이 있네요.

B: 네, 상담 시간은 9시부터 6시까지입니다.

Vocabulary

- appointment [əpɔ́intmənt] 약속, 예약
- opening [óupəniŋ] (문 등이)열려있음, 예약이 없는 시간
- consultation [kὰnsəltéiʃən] 상담

- available [əvéiləbl] 가능한
- schedule [skédʒuːl] 몡일정, 통일정을 만들다
- consultation hours [kὰnsəltéiʃən auər] 상담 시간

A: Is the doctor available today?	A: I need to see a doctor immediately!
B: Only between 4:30 and 5. Does that suit you?	B: Is it an emergency?
A: Can I come in earlier and wait in the waiting room?	A: Yes, I broke my arm.
B: Of course. I'll pencil you in for 4:30.	B: Then you need to go to the hospital instead.

 해석

A: 오늘 진료 가능합니까?
B: 4:30에서 5시에만 가능합니다.
　 그 시간에 괜찮으시겠어요?
A: 조금 더 일찍 가서 대기실에서 기다려도
　 되겠습니까?
B: 네, 그럼 4:30으로 예약을 잡아드리겠
　 습니다.

A: 저 지금 바로 진찰을 받아야 되겠어요!
B: 응급 상황이신가요?
A: 네, 팔이 부러졌어요.
B: 그러시면 대신 큰 병원으로 가셔야 합니다.

Vocabulary

- waiting room 대기실
- pencil you in 기입하다
- instead [instéd] 대신에

- immediately [imí:diətli] 즉시
- emergency [imə́:rdʒənsi] 응급 상황

171

2. Doctor's office – consultation

A: I have a sore throat.

A: My stomach kind of hurts.

B: Have you been coughing a lot?

B: Do you feel nauseous?

A: Yes, all day.

A: Yes, I threw up a few times today.

B: It doesn't look like an infection. I suggest you buy some cough drops at the pharmacy.

B: It might be food poisoning. If you feel worse in a few hours, contact me again.

 해석

A: 목이 아파요. (인후염)

B: 계속 기침이 심하셨나요?

A: 네, 온종일이요.

B: 전염된 것 같지는 않아 보이네요. 약국에서 기침 멎는 약을 좀 사서 드시는 것이 좋겠네요.

A: 배가 좀 아프네요.

B: 속이 울렁거리나요?

A: 네, 오늘 몇 번이나 토했어요.

B: 식중독인 것 같군요. 몇 시간 후 더 안 좋아지면 다시 병원에 연락주세요.

여러 가지 질병

- sore throat [sɔːr θrout] 인후염
- coughing [kɔːf] 기침
- infection [infékʃən] 감염
- nauseous [nɔ́ːʃəs] 구토

- itching [ítʃiŋ] 가려움증
- running nose [ránɪŋ nouz] 콧물
- migraine [máigrein] 편두통
- food poisoning [fuːd pɔ́izəniŋ] 식중독

172

2. 병원 – 상담

A: My eyes are itching and my nose is running.

A: I have a terrible migraine.

B: Do you have any allergies?

B: How long have you had it?

A: I'm allergic to pollen.
(= I have a pollen allergy.)

A: For the past two days.

B: I think it's an allergic reaction. I'll prescribe you some antihistamine.

B: I will have to run some tests to find the cause.

 해석

A: 눈이 가렵고 콧물이 납니다.

A: 편두통이 심해요

B: 혹시 알러지가 있으세요?

B: 언제부터 그런 증상이 있었나요?

A: 꽃가루에 알러지가 있어요.

A: 이틀 정도 되었어요.

B: 알러지 반응 같습니다.
항히스타민제 처방전을 써드릴게요.

B: 원인 규명을 위해 몇 가지 검사를 해봐야 겠습니다.

Vocabulary

- cough drops [kɔ(ː)f drap] 기침약 (드로프스 알약)
- throw up [θrou] 구토하다
- pollen [pálən] 꽃가루
- prescribe [priskráib] 처방하다
- run some tests 검사하다
- pharmacy [fáːrməsi] 약국
- allergy [ǽlərʤi] 알러지, 과민반응
- allergic reaction [əlɔ́ːrʤik riǽkʃən] 알러지 반응
- antihistamine [æ̀ntaihístəmìːn] 항히스타민제

173

3. Dentist

A: My tooth hurts.

A: My tooth is killing me.

B: That's your wisdom tooth. I will schedule a time to have it removed.

B: You have a cavity.

A: Is it necessary to have it removed?

A: Are you going to remove the tooth?

B: Don't worry; it's a simple procedure.

B: No, I'll give you a filling.

 해석

A: 이가 아파요.

B: 사랑니가 문제로군요.

   발치 예약을 잡아드리겠습니다.

A: 꼭 뽑아야 하나요?

B: 걱정 마세요. 간단한 시술이니까요.

A: 이가 아파 죽겠어요.

B: 충치가 있으시네요.

A: 이를 뽑으실 거예요?

B: 아닙니다. 메꾸어 드릴께요.(충치 치료)

Vocabulary

- wisdom tooth [wízdəm tu:θ] 사랑니
- procedure [prəsí:dʒər] 미용이나 의료 시술을 하다
- cavity [kǽvəti] 충치

- schedule [skédʒu:l] (동) 일정을 잡다, 예정하다
- be killing someone ~ 때문에 아파 죽을 지경이다.
- filling [fíliŋ] 충치 치료

3. 치과

A: I fell and chipped a tooth.

B: I see. I'll have to remove it.

A: Will it hurt when you pull it out?

B: No, I'll give you an anesthetic.

A: My gums are aching.

B: How often do you brush your teeth?

A: Every second day.

B: That's disgusting! You should brush your teeth and gums two or three times a day.

해석

A: 넘어져서 이가 깨졌어요.

B: 네 그렇군요. 발치를 해야겠네요.

A: 이 뽑을 때 아픈가요?

B: 아닙니다. 마취를 할거니까요.

A: 잇몸이 아파요.

B: 얼마나 자주 양치하세요?

A: 이틀에 한번이요.

B: 세상에나! 하루에 2~3번은 치아와 잇몸을 닦으셔야 합니다.

Vocabulary

- chipped [ʧipt] 깨지다, 조각이나 부스러기, 그릇이나 이가 빠진 흔적
- anesthetic [æ̀nisθétik] 마취
- aching [éikiŋ] 통증
- gums [gʌm] 잇몸

4. Drugstore

A: I'm here to pick up some medicine.

A: Can I buy antibiotics here?

B: Do you have a prescription from your doctor?

B: Only if you have a prescription from your doctor.

A: Yes, here it is.

A: I haven't contacted my doctor.

B: Thank you. Just a moment, I'll go find your medicine.

B: Please consult your doctor to get a prescription.

 해석

A: 약을 사러 왔습니다.

B: 의사의 처방전을 가지고 오셨나요?

A: 네, 여기요.

B: 감사합니다. 잠시만 기다리세요, 약을 조제해 드릴께요.

A: 여기에 항생제 파나요?

B: 의사의 처방전을 받아오실 경우에만 구입 가능합니다.

A: 의사의 진료는 받지 않았는데요.

B: 의사와 상담하셔서 처방전을 받아오세요.

Vocabulary

- medicine[médisin] 약
- antibiotics[æntibaiátik] 항생제
- prescription[priskrípʃən] 처방전

4. 약국

A: My doctor told me to pick up these pills from a drugstore.

B: Please let me see your prescription.

A: Here you go. By the way, do you sell shampoo?

B: Yes, it's over in the cosmetics aisle.

A: Do you have anything to fight headaches?

B: Sure. I suggest Tylenol.

A: Do I need a prescription?

B: No, you can buy it over the counter.

해석

A: 의사 선생님이 이 약을 사서 복용하라고 하네요.

B: 처방전을 보여주세요.

A: 여기 있습니다. 그런데 샴푸도 파나요?

B: 그럼요.
   저기 화장품이 진열된 통로 쪽에 있습니다.

A: 두통에 잘 듣는 약이 있나요?

B: 그럼요, 타이레놀을 드셔보세요.

A: 처방전이 필요한가요?

B: 아닙니다. 처방전 없이도 사실 수 있어요.

Vocabulary

- cosmetics[kɑzmétiks] 화장, 미용용품
- fight headaches[fáit hedeiks] 두통에 좋은
- over the counter 일반의약품, 처방전 없이 구입하는 약
- shampoo[ʃæmpú:] 샴푸
- aisle[ail] 통로
- Tylenol[táilənɔ́:l] 타이레놀 (진통제)
- headache[hédeik] 두통, 머리가 아픔

177

5. Talking about health and disease

A: Damn it, I think I've caught a cold.

A: It seems like you're always sick these days.

B: You've gotta be careful. It's flu season now.

B: I know. My immune system is pretty poor.

A: I know. So many people around me are sick these days.

A: Have you tried changing your diet or sleep patterns?

B: You should have gotten a vaccination against the flu.

B: Yes, but I think it's genetic. My parents have similar problems.

A: 이런 빌어먹을! 감기가 걸렸나봐요.

B: 조심해야죠. 요즘 독감이 유행이에요.

A: 그러게요. 그래서 요즘 많은 주변 사람들이 아파요.

B: 독감 예방 주사를 맞으셨어야 했는데.

A: 너 요새 자주 아픈 것 같아.

B: 맞아. 면역력이 많이 약해졌어.

A: 식이요법을 바꿔보거나 수면 패턴을 바꿔보려고 해본 적 있니?

B: 응, 그런데 아마도 유전적인 문제인 것 같아. 우리 부모님들도 나랑 비슷한 문제가 있으시거든.

Vocabulary

- catch a cold [kætʃ] 감기에 걸리다
- vaccination [væksənéiʃən] 백신접종, 예방주사
- diet [dáiət] 식단 조절, 식이용법 조절
- genetic [ʤənétik] 유전적인

- flu season [flu: sí:zən] 유행성 독감이 유행하는 시기
- immune [imjú:n] 면역력
- sleep patterns [pǽtərns] 수면 패턴
- poor [pɔ:r] 가난한, 빈민의, 좋지않다

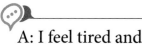

A: I feel tired and drowsy these days. I have no energy.

B: If you eat more fruits and vegetables, it might improve your health.

A: I'm trying to. But it's a hassle to buy fresh fruits all the time.

B: Then take some vitamin pills instead. That might help.

A: I'm suffering from muscle aches. My body is sore all the time.

B: Have you ever tried alternative treatment? In Korea, oriental medicine is quite popular.

A: Well, I've been to a chiropractor, but I've never tried oriental medicine. Does it work?

B: Sometimes. Why don't we get some acupuncture next time we're in Koreatown?

 해석

A: 요즘 피곤하고 나른한게 기운이 하나도 없어요.

B: 과일과 야채를 더 드시면 건강이 좋아지실 거에요.

A: 그러려고 노력 중이에요. 하지만 매번 신선한 과일을 산다는게 참 번거롭더라고요.

B: 그러면 대신 비타민제를 복용하세요. 그것도 도움이 될 거에요.

A: 근육에 통증이 있어요. 온 몸이 계속 아프네요.

B: 대체 치료법을 시도해 보신적이 있나요? 한국에서는 한방 의학이 상당히 대중적이거든요.

A: 지압(카이로프랙틱)은 몇 번 받아본 적이 있긴 한데 한방 치료는 해 본적이 없어요. 그게 효과가 있나요?

B: 가끔은 효과가 있어요. 다음에 코리아 타운에 가면 침을 좀 맞아 보는게 어떨까요?

Vocabulary

- drowsy[dráuzi] 졸리는, 나른한
- vitamin pill[váitəmin pil] 비타민 알약, 정제
- chiropractic[kàiərəprǽktik] 지압, 카이로프랙틱 요법
- alternative treatment[ɔːltə́ːrnətiv tríːtmənt] 대체 치료법

- a hassle[hǽsl] 귀찮음, 번거로움
- muscle aches[mʌ́sl eiks] 근육통
- acupuncture[ǽkjupʌ̀ŋktʃər] 침술요법
- vegetable[védʒtəbl] 채소, 야채

1)

I have 저는 ~증상이 있어요	- a broken toe 발가락이 부러져서 - sprained wrist 손목을 삐어서 - sore back 허리 통증으로 - an infected cut 감염된 상처 - a fever 고열 - diarrhea / constipation 설사 / 변비	and I feel 그리고 느껴져요	sick 아픈 nauseous 메스꺼움 dizzy 현기증 like throwing up 구토할 것 같은

2)

I think my ~ 인 것 같아요	toe 발가락이 wrist 손목이 lower back 등허리 아랫부분이 neck 목이 finger 손가락이	is	broken. 부러진 sprained. 삐끗한 injured. 다친 infected. 감염된 bruised. 타박상, 멍든

3)

Let me 제가 ~ 하겠습니다	see 보다 check 확인해보다 listen to 청진하다 feel 촉진하다	your teeth. 당신의 치아를 your foot. 당신의 발을 your heart. 당신의 심장 박동을 where it hurts. 어느 부위가 아픈지를

1. "kind of", "pretty", "quite"

많은 경우 우리는 이러한 직설적인 표현을 피하려는 단어들을 문장 사이에 끼워 넣어 좀 더 부드럽게 말 할 수 있습니다. 다음의 문장들을 비교해봅시다.

a) It's your own fault that you got sick.   (매우 직설적)

네가 아픈 것은 네 탓이야.

b) It's <u>kind of</u> your own fault that you got sick.   (다소 부드러움)

네가 아픈 것은 네 탓인 것 같아.

c) <u>Well</u>, it's <u>kind of</u> your own fault that you got sick, <u>isn't it?</u>   (훨씬 부드러움)

음, 있잖아, 네가 아픈 것은 네 잘못도 있는 것 같아. 안 그래?

이러한 직설적인 표현을 피하려는 단어들은 구어체 표현에 매우 적합하며 좀 더 부드럽고 비격식적이고 친근한 느낌을 표현하기를 원한다면 문장 내에서 어떤 위치든 관계없이 사용 가능합니다.

It sort of hurts a bit.

약간 아픈 것 같아요.

The doctor said I should get a little rest.

의사 선생님이 말하기를 난 좀 쉬어야 한다고 말했어.

I'm pretty tired these days.

난 요즘 꽤나 피곤해.

이와 유사한 완곡 표현법이 의도적으로 이중부정을 함으로써도 표현 가능합니다.

This movie is good.

이 영화는 좋습니다. (단순히 영화가 좋다는 것을 의미합니다.)

This movie isn't <u>bad</u>.

이 영화는 나쁘지 않습니다. (이것은 영화가 나쁘다라는 의미에 대조적으로 좋다는 말입니다.)

이것은 아마도 말하는 사람이 그 영화가 나쁠 것이라는 기대를 하였으나 그렇지 않다는 점을 알아냈다는 것을 보여주는 것입니다. 혹은 영화가 나쁘지는 않지만 "좋다"라고 하기엔 부족한 경우를 강조한다는 점을 나타낼 수도 있겠습니다. 이런 종류의 표현법은 "좋다" 라고 말하기가 다소 부담스러운 경우에 유용합니다.

Thomas' 말하기 쓰기
Exercises 빈 칸의 4가지 문장을 대화의 순서에 맞게 각 칸에 쓰세요.

❶

a) I haven't contacted my doctor yet.

b) Can I buy antibiotics here?

c) I need to see your prescription first.

d) Please contact your doctor to get a prescription.

①	②	③	④

❷

a) Do you feel nauseous?

b) My stomach kind of hurts.

c) Yes, I threw up a few times.

d) It might be food poisoning.

①	②	③	④

❸

a) Why don't you try eating healthier?

b) Then eat some vitamin pills instead.

c) It's a hassle to buy healthy food.

d) I have a pretty poor immune system.

①	②	③	④

① 병원 예약을 해 보세요. 여러분이 어떻게 아픈지 그리고 언제 진료를 받고 싶은지를 말해보세요. 그러면 학급의 짝이 상담 가능한 요일과 시간을 제안해 줍니다. 의사와 환자가 되어보세요.

➡ _____

_____

_____

_____

② 학급의 짝이 의사라고 가정합시다. 신체의 어느 부위에 통증이 있는지 그리고 그 느낌이 어떤지를 말해보세요. 그리고 의사 역할을 맡은 학생이 그 증상에 도움이 되는 치료법을 제안해봅시다. 다음과 같은 대화로 시작하면 됩니다.

Doctor: How do you feel today?

Patient: I have _____.

Doctor: You should _____.

③ 마지막으로 언제 아팠나요? 그때 증상이 어땠나요? 또, 얼마나 계속되었나요?

➡ _____

_____

_____

_____

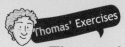

Thomas'
Exercises *Answers*

1

a) 아직 의사의 진료를 받지 않았습니다.

b) 여기서 항생제를 살 수 있을까요?

c) 우선 처방전을 보여주세요.

d) 의사와 상담하여 처방전을 받으세요.

①	b)	②	c)	③	a)	④	d)

2

a) 속이 메스꺼우세요?

b) 배가 아파요.

c) 네, 몇 번 구토를 했어요.

d) 아마도 식중독 같습니다.

①	b)	②	a)	③	c)	④	d)

3

a) 좀 더 건강식을 하시는게 어때요?

b) 그렇다면 대신 비타민제를 복용하세요.

c) 몸에 좋은 음식을 사기가 좀 번거로워요.

d) 전 면역력이 꽤나 약해요.

①	d)	②	a)	③	c)	④	b)

Anders' Practice Answers

❶ Patient: I'd like to make an appointment.

Doctor: What are your symptoms?

Patient: I'm coughing a lot. I think my throat is infected.

Doctor: When can you come in?

Patient: How about Thursday at 2?

환자 : 예약을 하려고 합니다.
의사 : 어떤 증상이 있으세요?

환자 : 기침을 많이 합니다. 인후염인것 같아요.
의사 : 언제 병원에 오실 수 있으십니까?

환자 : 목요일 2시 어떤가요?

❷ Doctor: How do you feel today?

Patient: I have <u>a rash. My skin is red and it itches a lot</u>.

Doctor: You should <u>take some antihistamine medicine</u>.

의사 : 오늘은 좀 어떠신가요?
환자 : 두드러기가 생겼어요. 피부가 빨갛고 심하게 가려워요.

의사 : 항히스타민 약품을 드셔야 합니다.

❸ A few months ago, I had food poisoning. I threw up several times at night. I had diarrhea too. It was very uncomfortable and I couldn't sleep at all. Luckily, I felt better the next day.

몇 달 전 저는 식중독을 앓았습니다. 밤에 몇 번이나 먹은 것을 게워냈어요. 설사도 했고요. 너무 불편했고 잠도 푹 잘 수가 없었습니다. 운 좋게도 그 다음 날 좋아졌습니다.

10

CRIME AND SAFETY
범죄와 안전

February

Oh no! More bad news!

I recently lost my wallet! ㅠㅠ

It had some cash, and all of my credit cards inside.

I went to the lost-and-found office, and the police station too!

Luckily, someone found the wallet and returned it to me by mail.

But I had to cancel all my credit cards at the bank. Stupid Min-Su… I have to be more careful next time!

Min-Su

2월

아 이런! 또 좋지 않은 소식이야.

얼마 전 지갑을 잃어버렸어. ㅠㅠ

지갑 안에 현금하고 신용카드가 죄다 들어있었거든.

분실물센터랑 경찰서에 갔었는데 다행히도 누군가가 내 지갑을 찾아서 우편으로 나에게 보내줬어.

덕분에 은행에서 나의 모든 신용카드를 취소해야만 했지.

나 왜 이렇게 멍청하냐… 다음부턴 좀 더 조심해야지.

민수

1. Police – reporting a crime

A: I want to report a crime.

A: I need to speak to a policeman.

B: What is the nature of the crime?

B: What's wrong, ma'am/sir?

A: Somebody broke into my car.

A: I've been robbed.

B: Please fill out this report with your personal information.

B: Please write down a list of all the items that have been stolen.

A: 범죄 신고를 하려고요.
B: 어떤 범죄인가요?
A: 누군가 제 차를 부수고 침입했어요.
B: 이 신고서에 인적 사항을 기입하시고 작성하세요.

A: 신고할 것이 있어요.
B: 어떤 일이신가요?
A: 강도를 당했어요.
B: 도둑맞은 물건의 목록을 작성하세요.

Vocabulary

- report[ripɔ́:rt] 통 신고하다, 보고하다
- report[ripɔ́:rt] 보고, 신고
- robbed[rɑbd] 강도당하다

- nature of the crime[néitʃər kraim] 범죄의 종류
- personal Information[pɔ́rsənəl infərméiʃən] 인적사항

I. 경찰 — 범죄 신고하기

A: Hello, 911?
   I need police assistance.

A: I've just witnessed an
   accident.

B: What can we do for you?

B: Please explain what happened
   calmly and slowly.

A: I was mugged just now on
   21st and Madison.

A: There was a minor car crash.

B: Are you hurt? Tell me
   exactly what happened.

B: Describe the details of the
   accident, please.

 해석

A: 여보세요, 119죠? 도와주세요.

B: 무엇을 도와드릴까요?

A: 21번가와 매디슨가 교차로에서 방금 강도를
   당했어요.

B: 다치셨나요? 어떤 일이 일어났는지 구체적
   으로 말씀해주세요.

A: 사고를 목격했어요.

B: 진정하시고 천천히 어떤 일이 벌어졌는지
   설명해주세요.

A: 가벼운 접촉사고가 났어요.

B: 사고에 대해 자세하게 설명해주세요.

Vocabulary

• assistance[əsístəns] 도움, 원조, 지원

• to witness[wítnis] 통 목격하다

• mugged[mʌg] 노상강도

• minor[máinər] 가벼운, 심각하지 않은

2. Lost and Found

A: Is this the Lost and Found office?	A: I'm looking for the Lost and Found.
B: Yes, have you lost something?	B: This is it. What can we do for you?
A: Yeah, I dropped my wallet.	A: I think I lost my keys.
B: What does it look like? Be as detailed as possible.	B: Describe exactly how they look. I'll check if anyone dropped them off.

해석

A: 분실물 센터인가요?

B: 네, 분실하신 물품이 있으세요?

A: 네, 지갑을 잃어버렸어요.

B: 어떻게 생겼나요?
　가능하면 상세히 설명해주세요.

A: 분실물 센터가 어딘가요?

B: 여기입니다. 무엇을 도와드릴까요?

A: 열쇠를 분실했습니다.

B: 열쇠가 어떻게 생겼는지 자세히 알려주세요.
　습득된 열쇠가 있나 확인해보겠습니다.

Vocabulary

- Lost and Found office 분실물 센터 사무실
- detailed[ditéild] 상세한
- possible[pάːsəbl] 가능한
- wallet[wάlit] 지갑
- drop off 전달하다, 맞기다

2. 분실물 취급소

A: I've lost something.	A: Can I drop off a lost item here?
B: What have you lost?	B: Sure. What is the item?
A: I can't find my credit card anywhere.	A: I found this passport in the parking lot.
B: Do you have any other ID that matches the card?	B: Thank you for bringing it to us. We'll put it in our storage.

 해석

A: 분실한게 있어요.

B: 무엇을 잃어버리셨나요?

A: 제 신용카드가 어디에도 안보이네요.

B: 그 카드를 확인 할 수 있는 다른 신분증이 있나요? (본인 확인 신분증이 있나요?)

A: 습득한 물품을 맞겨도 되나요?

B: 그럼요. 무엇을 습득하셨나요?

A: 주차장에서 이 여권을 주웠어요.

B: 이곳으로 가져다 주셔서 감사합니다. 보관소에 보관하겠습니다.

Vocabulary

- storage [stɔ́ːridʒ] 보관소, 보관함
- ID [aidiː] 신분증(identity 또는 identification의 약어)

3. Feeling safe / unsafe

A: Do you live in a safe neighborhood?

A: Is there a lot of crime in this area?

B: Yes. There are a lot of rich families living here.

B: Not at all. It's a safe community. I think it's because I live in the suburbs.

A: You haven't witnessed any crime?

A: That might be. I live downtown, and I don't feel safe.

B: No, the crime rate is very low.

B: The suburbs are safer than downtown, but they can be boring too.

 해석

A: 당신은 안전한 동네에서 사시나요?
B: 네, 이 동네에는 부자들이 많이 살아요.
A: 범죄를 목격해 본 적은 없나요?
B: 아니요. 범죄율이 많이 낮아요.

A: 당신이 사는 지역에는 범죄가 많이 발생하나요?
B: 전혀 없어요. 안전한 지역입니다. 제가 교외에 살기 때문에 그런 것 같아요.
A: 그럴 수 있겠군요. 저는 도심에 살아서 안전하지 않은 것 같아요.
B: 교외 지역이 도심지보다는 더 안전하지만 지루할 수도 있어요.

도시에 대하여 말하는 여러 가지 단어들

- city [síti] 시, 도시
- town [taun] 도시보다 작은 소도시, 번화가
- neighborhood [néibərhùd] 근처, 이웃
- area [έəriə] 지역
- community [kəmjú:nəti] 지역 사회

- urban [ə́:rbən] 도시, 도회지
- downtown [dàuntáun] 시내, 상업지구
- suburbs [sʌ́bə:rbs] 교외(도심지를 벗어난 주택지)
- rural [rú(:)ərəl] 시골, 지방
- countryside [kʌ́ntrisàid] 시골지역, 전원지방

3. 안전과 불안의 감정

A: Do you walk around freely at night in your neighborhood?

B: Actually, I don't go out after midnight.

A: Really?
Do you feel unsafe?

B: Yes. There is a lot of gang-related crime in my neighborhood.

A: Can we walk on the opposite side of the street?
I don't feel safe here.

B: Sure.
What are you afraid of?

A: I just spotted the junkie that lives near my apartment. He always harasses me.

B: If he confronts you too often, you should call the police.

해석

A: 당신이 사는 동네에서 밤에도 자유롭게 돌아다닐 수 있나요?

B: 사실은 한밤중엔 외출하지 않아요.

A: 그래요? 안전하지 않은 것 같아요?

B: 네, 우리 동네에서는 폭력배들이 연루된 범죄가 많이 일어나요.

A: 길 반대편으로 걸어가도 될까요?
안전하다고 생각하지 않아요.

B: 그러죠. 뭐 두려운 거라도 있나요?

A: 제 아파트 근처에 사는 마약쟁이를 봤거든요.
그가 저를 항상 괴롭혀서요.

B: 그 남자가 자주 당신을 괴롭히면 경찰에 신고를 하셔야죠.

Vocabulary

- witness any crime [wítnis] 범죄를 목격하다
- opposite [ápəzit] 반대의, 맞은편의
- to harass [hǽrəs] 괴롭히다, 희롱하다
- gang-related crime [gǽŋ-riléitid kraim] 폭력배가 연루된 범죄
- crime rate [kraim reit] 범죄율
- junkie [ʤʌ́ŋki] 마약중독자
- to confront [kənfrʌ́nt] 마주치다

Extra Lesson 1

1)

What's 무엇이	wrong 잘못 되었나요? the matter 문제인가요? the problem 골칫거리인가요?	with	you? 당신에게 the TV? 그 TV가 my idea? 나의 아이디어가

2)

I've been ~ 이었어요	- robbed 강도를 당하다 - attacked 공격을 받다 - raped 성폭행을 당하다 - mugged (노상) 강도를 당하다 - cheated 사기를 당하다 - stabbed 칼(등)에 찔리다 - injured 상해를 입다

3)

I want to report ~을/를 신고하려고 합니다.	a robbery 강도 a fire 화재 an accident (차)사고 a mugging (노상)강도	on 38th Street 38번가에서 at the convenience store. 편의점에 that happened last night. 어제 밤에 벌어진 일 taking place at the mall. 쇼핑몰에서 일어난

1. -related & -based (~가 연관된, ~에 근거한)을 이용한 표현

어떤 일의 원인이나 근원임을 나타내기 위하여 –related 혹은 –based를 단어의 끝에 붙일 수 있습니다.

-related : 원인, 이유

① gang-related crime 조직 폭력단이 연루된 범죄

② drug-related disease 약물 관련된 질병

③ alcohol-related depression 알코올 의존성 우울증

-based : 근원이나 내용

① vegetable-based dishes 야채를 주재료로 한 요리

② Indian-based music 인도 음악을 기본으로 한 음악

③ tomato-based sauce 토마토를 주 원료로 한 소스

2. 동사와 전치사구들이 짝을 이루는 경우

다음과 같이 동사와 전치사가 짝을 이루는 경우들이 많이 있습니다.

pick up. 줍다, 차에 태우다   **drop off.** 전달하다, 맞기다

write down. 글을 쓰다   **fill out.** 채우다

그 문장의 목적어가 명사인 경우 그 목적어는 동사와 전치사의 뒤에 위치합니다:

Please come pick up **your passport.** 오셔서 당신의 여권을 수령하세요.

You need to write down **your full name.** 우리는 당신의 이름을 기입해야 합니다.

그러나 그 구절의 목적어가 대명사인 경우 대게 동사와 전치사의 사이에 목적어인 대명사가 위치합니다:

Here is the insurance form. Please fill it out **in ink.**

여기 보험의 양식이 있습니다. 이것을 기입하십시오.

I'm taking my mother to the airport. I'll drop her off **at Terminal A.**

저는 지금 어머니를 공항에 모셔다 드리러 가는 중이에요. 터미널 A에 그녀를 내려 드릴 것 입니다.

Thomas' 말하기 쓰기
Exercises 다음의 문장에 어울리는 올바른 동사를 고르세요.

❶

	comment	
I want to	report	a crime.
	admit	

❷

	go out	
I don't	go home	after midnight.
	get on	

❸

	help	
What can we	give	for you?
	do	

❹

	lost	
I	saw	this passport in the parking lot.
	found	

❺

	live	
My house is safe because I	rob	in the suburbs.
	walk	

❻

	take off	
I want to	drop off	this wallet I found.
	pick on	

❼

	explain	
Please	describe	the details of the accident.
	consider	

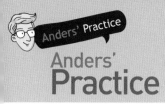
❶ 경찰에게 범죄를 신고해보세요. 먼저 어떤 일이 벌어졌는지 말하세요. 그러면 경찰관은 그 범죄가 어디에서 일어났는지 그리고 언제 일어났는지 물어봅니다.

A: I want to report a crime.

B: What happened?

A: _____.

B: Where did this happen, and when?

A: It happened _____.

❷ 분실물 보관소에서 여러분이 분실한 물건을 찾아오세요. 분실한 물건이 어떤 것인지 말한 이후에 그 물건이 어떻게 생겼는지 상세하게 묘사해보세요. 여러분은 그것을 어디에서 잃어버렸다고 생각하나요? 그 물건을 분실했을 때 무엇을 하고 있었나요? A, B로 나누어 연습해 보세요.

➡ _____

_____

_____

_____

❸ 여러분이 사는 동네는 안전한가요? 여러분이 사는 지역에서 불안한 기분이 들게 만드는 장면을 목격한 적이 있나요? 위험한 지역에서 취할 수 있는 행동을 제안해보세요.

➡ _____

_____

_____

_____

Thomas' Exercises *Answers*

❶ 범죄를 신고하고 싶습니다.

| I want to | comment
report
admit | a crime. |

❷ 저는 밤 12시 이후에는 외출을 하지 않아요.

| I don't | go out
go home
get on | after midnight. |

❸ 무엇을 도와드릴까요?

| What can we | help
give
do | for you? |

❹ 이 여권을 주차장에서 습득했습니다.

| I | lost
saw
found | this passport in the parking lot. |

❺ 교외에 살기 때문에 저의 집은 안전합니다.

| My house is safe because I | live
rob
walk | in the suburbs. |

❻ 제가 습득한 이 지갑을 맞기려고요.

| I want to | take off
drop off
pick on | this wallet I found. |

❼ 그 사고를 상세하게 묘사해주십시오.

| Please | explain
describe
consider | the details of the accident. |

Anders' Practice Answers

❶ A: I want to report a crime.

B: What happened?

A: <u>My bike was stolen</u>.

B: Where did this happen, and when?

A: It happened <u>this morning at Dongdaemun Station</u>.

A: 범죄를 신고하려고 합니다.
B: 어떤 일이 일어났습니까?

A: 제 자전거를 도난 당했어요.
B: 언제, 어디에서 도난 당하셨습니까?

A: 오늘 오전 동대문 역에서 그랬어요.

❷ A: I've lost my bag. I think I left it on the subway.

B: Can you please describe the item?

A: It's a small, brown backpack. My computer was inside.

B: When did you last see it?

A: When I got on at Bowery Station, about an hour ago.

A: 제 가방을 잃어버렸습니다. 아마 지하철에 놓고 온 것 같아요.
B: 그 품목을 자세히 묘사해주실수 있나요?

A: 작은 갈색 배낭입니다. 제 컴퓨터가 그 안에 들어있었어요.
B: 마지막으로 본 게 언제입니까?

A: 보웨리역에서 지하철을 탔을 때였는데 약 한 시간쯤 전이었어요.

❸ I live in a pretty safe neighborhood. It has a low crime rate, so I feel quite safe there. Sometimes, there are drunk people who harass other people, but the police normally take care of any problems.

저는 꽤 안전한 동네에 살아요. 범죄율이 낮은 편이라서 상당히 안전하다고 느껴져요. 가끔은 사람들을 괴롭히는 취객이 있긴 하지만 보통은 경찰이 대부분의 문제들을 처리합니다.

11

TRANSPORTATION
대중교통

March 11th

New York is a huge city, but luckily it's easy to get around here.
There are many different forms of transportation, like taxis, buses and subways.
Sometimes, I even take a ferry to get to the other islands.
However, it's easy to get lost in such a big city.
Luckily, I can always ask someone for directions.
And I've gotten good at counting "blocks" ···

Min-Su

3월 11일

뉴욕은 거대한 도시이지만 다행히도 여기저기 돌아다니기는 쉬워.
택시나, 버스, 그리고 지하철과 같은 여러 가지 다양한 형태의 대중 교통수단이 있거든.
어쩔 때 나는 다른 섬으로 가기 위해서 페리를 타기도 해.
이렇게 큰 도시에서 길을 잃기는 쉽지만 운 좋게도 나는 사람들한테 항상 길을 물어 볼 수가 있어.
난 이제 점점 "블록(도로로 나뉘는 구역 또는 단지)"을 세는데 전문가가 되어 가고 있지.

민수

1. Asking for directions

A: Excuse me. Do you know where the Cineplex movie theater is?

A: Excuse me, I'm looking for the Cineplex movie theater.

B: Yes, it's a few blocks up the street.

B: I think it's on the corner of Washington and 12th.

A: How long will it take me to get there?

A: Where exactly is that?

B: It's about 15 minutes on foot.

B: It's about 2 miles north of here.

해석

A: 실례합니다.
   씨네플렉스 영화관이 어디에 있는지 아세요?
B: 네, 몇 블록 위쪽에 있어요.
A: 거기까지 가는데 얼마나 시간이 걸릴까요?
B: 걸어서 15분쯤 걸려요.

A: 실례합니다.
   씨네플렉스 영화관을 찾고 있는데요.
B: 아마 워싱턴가와 12번가의 모퉁이에 있을거예요.
A: 구체적으로 어디에 있나요?
B: 여기에서 북쪽으로 한 2마일쯤 되요.

이동할때 표현(교통수단)

• on foot 걸어서, 도보로
• by bus/car/taxi 버스를/승용차를/택시를 타고

1. 길 묻기

A: Where is the Cineplex movie theater located?

A: Where can I find the Cineplex movie theater?

B: Sorry, I'm not from around here.

B: Do you see that crosswalk over there? It's around that corner.

A: Ah, I see. Sorry to bother you.

A: How far is it from here?

B: It's no problem. Hope you find it.

B: It's not far. It's less than 200 meters.

 해석

A: 씨네플렉스 영화관의 위치가 어디인가요?
B: 죄송해요, 저도 이 동네 사람이 아니라서요.
A: 아, 그렇군요. 성가시게 해서 죄송합니다.
B: 괜찮습니다. 잘 찾으시길 바래요.

A: 씨네플렉스 영화관은 어디에 있어요?
B: 저기 횡단보도가 보이나요? 저 모퉁이에요.
A: 여기서 얼마나 멀어요?
B: 그리 멀지 않아요.
　　200미터도 채 되지 않을 거예요.

Vocabulary

- block [blɑk] 사각 덩어리, 구역, 단지
- ~miles north/south/east/west of here 이곳에서 북/남/동/서 쪽으로 ~ 마일 떨어진
- located / location [lóukeit] [loukéiʃən] ~에 위치한 / 위치
- crosswalk [krɔ́(:)swɔ̀:k] 횡단보도
- the corner of A & B A와 B의 모퉁이

2. Taxi

A: City Hall, please.

A: I need to get to City Hall by 3.

B: Got it.

B: There's a lot of traffic today, but I'll try to make it on time.

- After Arriving -

A: Here we are.
That's $8.50.

A: City Hall is just across the street. The fare is $12.00.

B: Thanks. Here you go.

B: Thank you. Keep the change.

해석

A: 시청으로 갑시다.
B: 네, 알겠습니다.
　　　　　 – 도착 후 –
A: 다 왔습니다. 8불 50센트입니다.
B: 감사합니다. 요금 여기 있습니다.

A: 3시까지 시청에 도착해야 하는데요.
B: 오늘은 길이 많이 막히긴 하지만 그 시간에 도착하도록 노력해 보겠습니다.
　　　　　 – 도착 후 –
A: 시청은 바로 건너편에 있습니다.
　　요금은 12불입니다.
B: 감사합니다. 잔돈은 괜찮습니다.

누군가에게 무엇을 건네줄 때 사용하는 표현들.

• Here you are. 여기요. / Here you go. 여기 있어요. (O)
• Here it is. 이 표현은 우리가 찾고 있던 어떤 물건이나 대상을 발견했을 경우에 사용합니다. (X)

2. 택시타기

A: Do you know the fastest way to City Hall?

B: Sure.
Traffic is light today too.

A: Can you take me to City Hall?

B: Yes, but Main Street is blocked off because of construction. Is it OK if I make detour?

- After Arriving -

A: We're right by City Hall. That'll be $7.00.

B: Thanks a lot. If I give you this 20, could I get $10 back?

A: How much longer will it take?

B: It'll be about ten minutes extra.

해석

A: 시청까지 가는 가장 빠른 방법을 아세요?

B: 물론이죠.
오늘은 교통체증도 심하지 않습니다.
– 도착 후 –

A: 시청에 도착했습니다. 요금은 7불입니다.

B: 감사합니다. 여기20불 입니다.
10불을 거슬러 주시겠어요?

A: 시청까지 가 주실 수 있나요?

B: 네, 하지만 도로 공사로 인해서 통제가 되어서요. 우회해도 괜찮겠습니까?

A: 얼마나 더 시간이 걸릴까요?

B: 10분 정도 더 걸릴겁니다.

Vocabulary

- fare[fɛər] 요금
- change[tʃeindʒ] 동 교환하다 명 거스름돈
- light traffic[trǽfik] 많지 않은 교통량
- blocked[blɑkid] 막힌, 통제된
- construction[kənstrʌ́kʃən] 공사
- detour[díːtuər] 우회

3. Bus

A: Does this bus go to
   Newberry Street?

A: Where is the bus for
   Newberry Street?

B: Yes. Hop on.

B: You can take number 6116.
   There's a bus stop on the
   corner.

A: How many stops is it?

A: Which direction should I go?

B: Newberry Street is 6 stops
   from here. I'll announce it
   over the loudspeaker.

B: Take the one going towards
   the Twin Pines Mall.

 해석

A: 이 버스가 뉴베리 거리까지 가나요?

B: 네, 타세요.

A: 몇 정거나 가야 되요?

B: 뉴베리 거리는 여기서 6정거 더 가야 되요.
   차내 스피커로 안내방송을 해드리겠습니다.

A: 뉴베리 거리까지 가는 버스는 어디서 타나요?

B: 6116버스를 타시면 됩니다.
   저 모퉁이에 버스정류장이 있어요.

A: 어느 쪽으로 가야 되요?

B: 트윈 파인스 몰 방향으로 가는 버스를 타세요.

시간을 말하는 유용한 형용사 구절

• fifteen-minute wait 15분의 대기   10-minute break 10분의 휴식
• one-hour delay 1시간의 지연

이러한 표현에는 하이픈(−)을 사용한다는 점을 잊지마세요!

3. 버스타기

A: Which bus goes to
Newberry Street?

A: Can I take a bus to
Newberry Street from here?

B: This one here, number 9.

B: No. All the buses to
Newberry Street leave from
the bus terminal.

A: How long will it take?

A: I see. Where is that?

B: It's about a fifteen-minute
ride.

B: Continue down this street.
You'll see it on your right.

해석

A: 어떤 버스가 뉴베리 거리 까지 가나요?
B: 여기 이 9번 버스요.
A: 시간이 얼마나 걸릴까요?
B: 버스로 약 15분 가량 걸립니다.

A: 여기서 뉴베리 거리까지 가는 버스를 탈 수
있나요?
B: 아니요. 뉴베리 거리까지 가는 버스는 모두
터미널에서 출발합니다.
A: 그렇군요. 터미널은 어디인가요?
B: 이 길을 따라 계속 내려가세요.
가다 보면 오른쪽 편에 보일 겁니다.

Vocabulary

• stops [staps] 정류장
• bus terminal [tə́:rmənəl] 버스터미널, 종점

• loudspeaker [láudspì:kər] 확성기, 스피커

4. At the train station

A: I'd like a one-way ticket for Union Station, please.

A: A round-trip ticket to Union Station, please.

B: What time would you like to depart?

B: The train to Union Station departs at 2 p.m., 4 p.m., and 6 p.m.

A: I'll take the 5:30 train.

A: The 4 p.m. one, please.

B: That'll be $20. Please be at the platform half an hour before the train departs.

B: OK. Please check the monitors for any schedule changes.

해석

A: 유니온역까지 편도 표 1장 주세요.

B: 몇 시 출발로 드릴까요?

A: 5:30분 열차로 할께요.

B: 20불입니다. 열차 출발 30분 전까지 플랫폼에 도착하시기 바랍니다.

A: 유니온 역까지 왕복 1장 주세요.

B: 유니온 역으로 가는 기차는 오후 2시, 오후 4시, 그리고 오후 6시에 출발합니다.

A: 4시 기차로 1장이요.

B: 네, 일정 변화를 모니터로 확인하시기 바랍니다.

Vocabulary

• one-way ticket 편도표
• depart / arrive[dipáːrt] [əráiv] 출발하다/ 도착하다
• monitors[mánitərs] 모니터, 화면

• platform[plǽtfɔːrm] 기차역의 플랫폼, 강단, 연단
• return ticket[ritɔ́ːrn tíkit] 왕복표
• schedule[skédʒuːl] 일정

208

4. 기차역에서

A: Are there any tickets left for the next train to Union Station?

B: Yes, but only general tickets.

A: What does that mean?

B: It means you can board the train, but you won't have a reserved seat.

A: Do I need to make a reservation for the train to Union Station?

B: No, but you need to buy a ticket in advance at the station.

A: Where can I buy a ticket?

B: You can buy it at the ticket office or at one of the automatic ticket machines.

 해석

A: 유니온역으로 가는 다음 기차 표 혹시 남은 것 있나요?

B: 네, 하지만 일반 표만 남아있습니다.

A: 그게 무슨 말씀인가요?

B: 탑승은 하실 수 있지만 예약된 자리는 아니라는 말씀입니다.

A: 유니온 역으로 가려면 기차표를 예약해야 하나요?

B: 아니요.
하지만 역에서 미리 표를 사셔야 합니다.

A: 표를 어디에서 사나요?

B: 매표창구 또는 자동화 발매기 중 어느 곳에서나 표를 사시면 됩니다.

Vocabulary

- general ticket[ʤénərəl tíkit] 일반석 표
- reservation[rèzərvéiʃən] 예약
- automatic[ɔ̀:təmǽtik] 자동의
- reserved seat[rizɔ́:rvd si:t] 예약석
- in advance[ədvǽns] 미리, 사전에

5. Hitchhiking

A: Where are you going?

B: Just a few miles further up the road.

A: Alright, I'll take you there. Hop in.

B: Thanks so much!

A: Where can I drop you off?

B: Could you take me to Newark?

A: Sure, I'm going the same way. You can get in the back or ride up front.

B: Thank you! We can take turns driving if you need a rest.

해석

A: 어디로 가세요?
B: 이 길에서 몇 마일 더 갑니다.
A: 좋아요. 그곳까지 태워 드릴게요. 타세요.
B: 정말 감사합니다.

A: 당신을 어디에서 내려드리면 되나요?
B: 뉴왁까지 데려다 주실 수 있나요?
A: 그럼요. 저도 같은 방향이니까요.
  앞에 타시던지 뒤에 타시던지 하세요.
B: 감사합니다! 혹시 힘드시면 교대로 운전하시죠.

Vocabulary

• take A to B A를 B의 장소로 데리고 가다
• hop [haːp] 뛰다

• get in 차에 타다
• Newark [njúːərk] 미국 New Jersey 주 최대의 도시

5. 히치하이킹 (지나가는 차 얻어 타기)

A: Where's your last stop?

A: What direction are you heading in?

B: I'm trying to get to Newark by tonight.

B: I'm going up I-95, towards New Jersey.

A: Sorry, that's not really on my route. Try another car.

A: I can only take you as far as Edison. You'll have to find another ride from there.

B: Alright, sorry for the trouble. Drive safely!

B: Thank you. That will help me a lot. Let me know if you want to split the gas. (/want some gas money)

해석

A: 어디까지 가세요?

B: 오늘 밤까지 뉴왁에 도착하려고 합니다.

A: 죄송합니다. 제가 가는 방향이 아니네요. 다른 차를 알아보셔야겠네요.

B: 알겠습니다. 폐 끼쳐서 죄송해요. 안전 운전 하세요.

A: 어느 방향으로 가세요?

B: 뉴저지 방향 I-95로 갑니다.

A: 에디슨 까지만 태워드릴 수 있는데 그곳에서 다른 차편을 찾아보셔야 합니다.

B: 감사합니다. 그래도 많은 도움이 되요. 혹시 주유비를 나누어 내기를 원하시면 말씀하세요.

Vocabulary

• further [fə́:rðər] (거리상으로) 더 멀리에, (과거로) 더 거슬러 올라가, (미래로) 더 나아가

• take turns 차례로, 순서대로

• as far as (=until) ~ 까지

• I-95 미국 고속도로명

• Edison [édəsn] 지명, 사람 이름

• route [ruːt] (버스·기차·수송품 등의) 노선

• split the gas [split ðə gæs] 연료비를 나누어 내다

• New Jersey [-ʤə:rzi] 주(뉴욕주 앞에 있음)

211

1)

Is there a 〜이 있습니까	Cineplex movie theater 씨네플렉스 영화관	near here? 이 근처에
	pay phone 공중전화	on this street? 이 길에
	public restroom 공중화장실	in this neighborhood? 이 동네에
	McDonalds 맥도날드	within walking distance? 걸을 수 있을만한 거리에

2)

- Take Make	a right 우회전하세요 a left 좌회전하세요	**at** 〜에서	the corner 모퉁이 the movie theater 극장
- Turn 돌아요	sharp right 정확히 오른쪽으로 sharp left 정확히 왼쪽으로	**(on)to** ~ 로 **at** ~에서	12th Avenue 12번가 the bus stop 버스 정류장

3)

When will 언제 ~ 하나요?	the bus 버스가 the 6:40 [p.m.] train 6시 40분(오후) 기차가 the Brooklyn ferry 부룩클린 페리가 flight KE90 KE90 편 비행기가 you 당신은	leave / depart? 출발 arrive? 도착

영어의 많은 의문문들은 소위 "의문사" 라는 단어들로 시작합니다. 이 의문사들을 문장의 시작에 사용하여 다양한 측면을 질문 할 수 있습니다.

1. what (무엇) : 무엇인가에 대한 정보를 얻으려는 일반적인 질문에 사용합니다.

What is your name? 당신의 이름은 무엇입니까?

What did you have for dinner? 저녁식사로 무엇을 드셨나요?

2. who (누구) : 어떤 사람인지 혹은 누구인지를 질문합니다.

Who was the man you were talking to?

당신과 대화를 나누던 저 남자분은 누구였나요?

Who scored the winning goal? 결승 골은 누가 넣었나요?

3. where (어디) : 어떤 장소인지가 궁금할 때 사용합니다.

Where should we sit? 우리 어디에 앉아야 하지?

Where were you born? 당신은 어디에서 태어나셨나요?

4. when (언제) : 언제인지 때가 궁금할 때 사용합니다.

When does the train arrive? 그 기차는 언제 도착합니까?

When should we be at the station? 우리는 역에 몇 시까지 도착해야 하나요?

5. why (왜) : 이유나 원인이 궁금할 때 사용합니다.

Why are you angry at me? 왜 나한테 화가 난거야?

Why did they turn off the music? 그들은 왜 음악을 껐나요?

6. how (어떻게) : 방법이나 정도 혹은 수량이 궁금할 때 사용합니다.

How can I get to the 3rd floor? 3층으로 어떻게 가나요?

How will you get to the party tonight? 오늘 밤 파티에는 어떻게 갈 거에요?

Thomas' Exercises

Thomas' 말하기 쓰기
Exercises 다음 중 길 안내, 버스, 기차 그리고 택시에 대한 구절 중
올바른 단어를 골라 동그라미 하세요.

❶ The cinema is on the <u>side / corner</u> of Washington and 12th.

❷ Go <u>up / over</u> the street and <u>turn / see</u> left at the crossing.

❸ Take the bus going <u>across / toward</u> the central station, and <u>get / go</u> off two stops before.

❹ How many <u>starts / stops</u> are there between here and the bus terminal?

❺ Here's $12.00. Keep the <u>change / money</u>.

❻ You can get in the back or ride up <u>ahead / front</u>.

❼ We can take <u>turns / sleeps</u> driving if you need a rest.

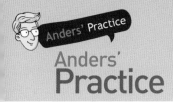
Anders' Practice

① 학급의 친구에게 버스 정거장과 번호를 물어보세요. 그리고 영화관에서 백화점 가는길을 물어 보세요. 다음과 같은 형식으로 대화를 시작할 수 있습니다.

A1: I'm looking for _____. Do you know where it is?
B1: Sure. The bus stop is _____.

A2: How can I get from _____ to _____?
B2: Go _____.

② 여러분의 친구가 서울 시청에서 전화를 걸어 여러분의 집으로 방문하겠다고 합니다. 친구에게 길을 안내하세요. 하지만 친구에게는 자가용이 없기 때문에 대중 교통만을 이용할 수 있습니다!

➡ _____
_____
_____
_____

③ 기차역에서 표를 구입해보세요. 학급의 짝에게 여러분이 어디로 가는지, 가격은 얼마인지, 몇 시에 출발하고 싶은지 말해보세요. 여러분의 기차는 어디에서 출발하는지 확인하세요. A, B로 나누어 연습해 보세요.

➡ _____
_____
_____
_____

215

Thomas'
Exercises *Answers*

❶ The cinema is on the side / <u>corner</u> of Washington and 12th.

극장은 워싱톤 애브뉴와 12번가 코너에 있습니다.

❷ Go <u>up</u> / over the street and <u>turn</u> / see left at the crossing.

이 길로 올라가서 사거리에서 왼쪽으로 도세요.

❸ Take the bus going across / <u>toward</u> the central station, and <u>get</u> / go off two stops before.

중앙터미널가는 버스를 타고 중앙터미널 도착 하기전 두 정거장 앞에서 내리세요.

❹ How many starts / <u>stops</u> are there between here and the bus terminal?

여기서 버스터미널까지는 몇 정거장 입니까?

❺ Here's $12.00. Keep the <u>change</u> / money.

여기 12불을 드립니다. 잔돈은 괜찮습니다.

❻ You can get in the back or ride up ahead / <u>front</u>.

뒷문이나 앞문으로 타세요.(Bus)

❼ We can take <u>turns</u> / sleeps driving if you need a rest.

피곤하면 운전을 교대해도 됩니다.

216

❶ A1: I'm looking for <u>bus 702</u>. Do you know where it is?

B1: Sure. The bus stop is <u>100 meters up the road. Bus 702 should</u> <u>arrive at any minute.</u>

A2: How can I get from <u>the movie theatre</u> to <u>the department store</u>?

B2: Go <u>straight for one minute, then turn left at the bakery.</u>

A1: 702번 버스를 타려고 찾고 있습니다. 어디에서 타는지 아세요?
B1: 물론이죠. 버스 정류장은 100m 더 가면 있습니다. 702번 버스는 곧 올겁니다.

A2: 극장에서 백화점까지 어떻게 가면 되나요?
B2: 앞으로 1분만 더 가세요. 그 다음 빵집에서 왼쪽으로 도세요.

❷ Go to City Hall Station. Take Line Number 2 to Daerim Station. It takes about 15 minutes. Get out at exit 3 and cross the road. Turn left and walk 4 blocks. You'll see my apartment on your right. It's above a small bookstore.

시청역으로 가세요. 거기에서 2호선을 타서 대림역에서 내려요. 약 15분 정도 걸릴거에요. 3번 출구로 나와서 길을 건너세요. 그 다음 좌회전을 해서 4블록을 걸어요. 그러면 저의 아파트 건물이 오른쪽에 보일거에요. 작은 서점 윗쪽에 있습니다.

❸ A: I'd like three tickets to Yeosu please.

B: Do you want to take the next available train?

A: No, I'd like to leave at 6:30 tonight.

B: Do you want general tickets or reserved seats?

A: Reserved seats please, if they're not too expensive.

B: That'll be 75,000 won. The train leaves from Platform 12. Please be there ahead of time.

A: 여수행 표 3장 주세요.
B: 다음 기차를 타시겠어요?

A: 아니요. 6시 30분 기차를 탔으면 좋겠어요.
B: 일반표를 드릴까요 아니면 예약석을 드릴까요?

A: 많이 비사지 않으면 예약석으로 주십시오.
B: 75,000원 입니다. 여수행 기차는 12번 플랫폼에서 출발합니다. 출발 시간 전에 도착하시기 바랍니다.

12

RESTAURANTS

음식점

April

New York is known for having a lot of different kinds of food.
People think that Americans only eat burgers and pizzas, but you can find food from all over the world here, like Thai, Greek, Arabic and Korean too.
Sometimes I like to eat in fancy restaurants with Katie. At other time I just grab some fast food or snacks from a deli.
The only problem is: I've put on too much weight!
ㅠㅠ

Fat Min-Su

4월

뉴욕은 여러 가지 다양한 종류의 음식이 있는 것으로 알려져 있잖아.
사람들은 미국인들이 햄버거나 피자만 먹는다고 생각하지만 실제로 여기에서는 태국이나 그리스, 아랍 그리고 한국 음식 등 다양한 전 세계의 음식을 찾아볼 수 있어.
가끔 나는 케이티랑 같이 고급스런 레스토랑에서 식사하기를 좋아하고 또 다른 때에는 그냥 패스트 푸드를 먹거나 델리 (조리된 육류나 치즈등 가공된 식품을 파는 곳)에서 조리가 된 간편한 음식을 사 먹기도 해.
그런데 유일한 문제는 그 동안 살이 너무 많이 쪘다는거야... ㅠㅠ

살찐 민수

1. Discussing where to eat

A: Where do you want to eat tonight?

B: Let's go to the new Mediterranean buffet.

A: Do they have any vegetarian options?

B: Of course. You can choose yourself.

A: What do you want for dinner/lunch?

B: I feel like eating Vietnamese food today.

A: I can't decide if I want rice or noodles.

B: We can get one of each and share.

해석

A: 오늘 어디에서 식사 할까요?

B: 새로 생긴 지중해식 부페집으로 가봅시다.

A: 채소 요리가 있을까요?

B: 당연하죠. 직접 선택하시면 되요.

A: 점심/저녁으로 무엇을 드실래요?

B: 오늘은 베트남 음식이 먹고 싶어요.

A: 밥을 먹을지 국수를 먹을지 결정을 못하겠어요.

B: 그럼 하나씩 시켜서 서로 나눠 먹으면 되죠.

Vocabulary

- Mediterranean buffet [mèditəréiniən bəféi] 지중해의, 지중해식의 부페
- vegetarian [vèdʒité(:)əriən] 채식주의자
- option [ápʃən] 선택(권)
- Vietnamese [vìetnə:mí:z] 베트남의, 베트남인
- share [ʃɛər] 나누다, 공유하다

A: What do you feel like eating tonight?

A: What are you up for tonight?

B: I'm in the mood for Korean.

B: I'm not so hungry. I had a big lunch.

A: Again? We ate Korean food yesterday.

A: Then how about ordering some takeout?

B: Then you suggest something. Let's compromise.

B: Good idea. I'll check the menu online.

 해석

A: 오늘 뭐가 드시고 싶나요?

B: 한국 음식이 먹고 싶네요.

A: 또 한국음식이요? 어제도 먹었잖아요.

B: 그럼 당신도 먹고 싶은 음식을 말해봐요. 절충하도록 합시다.

A: 저녁 뭐 먹을까?

B: 별로 배가 고프지 않아. 점심을 너무 많이 먹었거든.

A: 그럼 뭐 좀 시켜먹을까?

B: 좋은 생각이다. 난 온라인으로 메뉴를 좀 확인 해야지.

Vocabulary

• in the mood for something ~ 할 기분이 들다
• takeout 포장해가다, 가지고 나가다

• compromise [kámprəmàiz] 절충하다

2. Reservations

A: I'd like a table for 2 tonight at 6 p.m.

A: I'd like to make a reservation for Thursday.

B: Under what name?

B: How many people in your party?

A: Park. That's P-A-R-K.

A: We'll be 7 people, so we need a large table.

B: OK, Mr. Park. Your table will be ready at 6.

B: That's no problem.
We can accommodate 7 people.

해석

A: 2인 자리로 오후 6시에 예약하려고요.

B: 어느 분 이름으로 예약하시나요?

A: 박이요. P–A–R–K입니다.

B: 네, 박 선생님. 6시에 식사하시도록 자리가
마련될 것 입니다.

A: 목요일로 예약하려고 합니다.

B: 일행이 몇 분 이신가요?

A: 7명입니다. 그래서 넓은 자리가 필요해요.

B: 네, 일곱분 앉으실 수 있는 자리로 문제없이
마련해 드리겠습니다.

My name is Park. That's "P" as in "Paris", "a" as in "apple", "r" as in "robot", "k" as in "kangaroo".

전화로 예약할 때 My name is Park.일 경우 "Park"의 철자를 설명할 때 "P"는 Paris할때 "P", "a"는 "apple" 할때 "a", "r"은 "robot"할때 "r", "k"는 "kangaroo"의 "k"라고 할 때가 있습니다.

2. 예약하기

A: Can I get a table for tonight?

A: Will it be possible to get a table without a reservation?

B: We're very busy tonight. We won't have any available seats until 9 p.m.

B: I'm sorry; we're fully booked today.

A: That's too late, I'm afraid.

A: Can I leave my number in case of a cancelation?

B: Sorry for the inconvenience, Sir.

B: Of course. If a party cancels, we will contact you.

 해석

A: 오늘 저녁에 식사할 수 있을까요?

B: 오늘은 손님들이 매우 많아서요. 9시 전에는 가능한 자리가 없습니다.

A: 9시는 너무 늦네요.

B: 불편을 드려 죄송합니다. 고객님.

A: 예약 없이 식사가 가능합니까?

B: 죄송합니다. 오늘은 예약이 꽉 찾습니다.

A: 혹시 취소가 나올경우 제 전화번호를 남겨도 될까요?

B: 물론이지요. 취소하는 고객이 생기면 연락을 드리겠습니다.

Vocabulary

- table for 1 2, 3 etc 1, 2, 3... 인용 테이블(자리)
- reservation[rèzərvéiʃən] 예약
- in your party 당신의 일행 중에
- accommodate[əkámədèit] (식사용, 주거용 또는 머물) 공간을 제공하다. 거처, 숙소
- available seats[əvéiləbl si:t] 가능한 좌석
- inconvenience[ìnkənví:njəns] 불편, 애로
- fully booked[fúli bukt] 예약이 꽉 찬
- cancelation[kænsəléiʃən] 취소

223

3. Ordering

A: Are you ready to order?

A: May I take your order, Ma'am?

B: Yes. I'd like the chicken salad and a margarita pizza.

B: I'll have the lobster, please.

A: Would you like me to bring it together?

A: I'm sorry; we're out of lobster.

B: No, we'll have the salad first and the rest later.

B: Then please give me a moment to decide.

 해석

A: 주문하시겠어요?

B: 네, 치킨 샐러드와 마르게리따 피자 주세요.

A: 주문하신 음식을 한꺼번에 가져다 드릴까요?

B: 아니요, 샐러드를 먼저 주시고 나머지는 나중에 가져다 주세요.

A: 주문 하시겠습니까, 손님?

B: 저는 랍스터로 하겠습니다.

A: 죄송합니다. 랍스터가 다 떨어졌습니다.

B: 그러면 다시 결정을 해야 하니깐 잠시 기다려주세요.

시간의 여유를 달라고 구할 때 내가 사용 할 수 있는 표현들.

• Give me a   moment / minute / sec / second.   잠시만 기다려 주세요.

3. 주문하기

A: What can I get you?

A: Waiter?

B: One brownie with vanilla ice cream, one banana split, and two cokes.

B: Sir/Ma'am?

A: OK. So your order is one brownie with vanilla ice cream, one banana split, and two cokes. Is that correct?

A: Can we order now?

B: Yeah, that's it.

B: Of course, I'll be right with you.

 해석

A: 무엇으로 가져다 드릴까요?

B: 바닐라 아이스크림을 곁들인 브라우니 하나 랑요, 바나나 스플릿 하나랑, 그리고 콜라 2잔 주세요.

A: 네, 아이스크림을 곁들인 브라우니 하나, 바나나 스플릿 하나, 그리고 콜라 2잔 주문 하신게 맞습니까?

B: 네, 맞습니다.

A: (고객) 여기요, 웨이터!

B: 네, 손님?

A: 지금 주문해도 되나요?

B: 물론입니다. 즉시 주문 받아드리겠습니다.

Vocabulary

- order[ɔ́ːrdər] 동 주문하다, 명령하다
- first / later[fəːrst] [léitər] 먼저 / 이후에
- lobster[lάbstər] 바닷가재
- bring it together 모두 함께 가지고 오다
- out of something ~가 다 떨어진, 동난

4. Paying

A: We'd like the bill, please.	A: Could we get the check?
B: Will you be paying all together or separately?	B: Sure. How will you be paying today?
A: I'll pay for all of it.	A: I'll take it on my card.
B: I'll be right there with your bill.	B: OK, I'll be right back with the card machine.

해석

A: 계산서 주세요.
B: 다 같이 계산하시나요 아니면 각자 따로 계산하시나요?
A: 한꺼번에 계산하겠습니다.
B: 계산서를 바로 가져다 드리겠습니다.

A: 계산서 주세요.
B: 네, 어떻게 계산하시겠습니까?
A: 제 신용카드로 계산하겠습니다.
B: 네, 신용카드 계산기를 가지고 오겠습니다.

Vocabulary

- bill[bil] 고지서, 청구서, 계산서
- separately[sépəritli] 분리된, 각각의, 따로
- check[tʃek] 살피다, 알아보다, 수표

- all together[ɔːl təgéðər] 모두 함께, 같이
- receipt[risíːt] 영수증
- card machine[kɑːrd məʃíːn] 카드 기계

A: Can we pay separately?

B: Of course. Are you paying in cash or credit card?

A: Two of us are paying with cash, and two with credit cards.

B: I'll bring the split bills right away.

A: Can you bring us the bill?

B: Yes, but please pay at the counter.

A: Where is the counter?

B: Right next to the entrance, ma'am.

 해석

A: 따로 계산해도 되나요?

B: 물론이죠. 현금으로 계산하세요? 아니면 신용카드로 계산하시나요?

A: 두 명은 현금계산이고, 나머지 두 명은 신용카드로 계산하겠습니다.

B: 각자 결제하실 계산서를 바로 가져다 드리겠습니다.

A: 계산서를 가져다 주세요.

B: 네, 계산대에서 계산해주세요.

A: 계산대가 어디에 있습니까?

B: 입구 바로 옆입니다. 손님.

Vocabulary

• split the bill [split ðə bil] 계산서를 각자 나누다 (지불을 각자 한다.)
• counter [káuntər] 매대, 계산대

227

5. At a bar

A: Two beers, please.

A: I'll have a White Russian and a Heineken.

B: What kind do you want?

B: Do you want that in a bottle or draft?

A: It doesn't matter. Any beer is fine.

A: Bottle is fine, thanks. Should I pay now?

B: OK, I'll get you two Budweisers.

B: No, I'll put it on your tab. (또는: Yes, we don't run tabs at this bar.)

해석

A: 맥주 2병 주세요.

B: 어떤 것으로 드릴까요?

A: 상관없어요. 아무거나 괜찮아요.

B: 네, 그럼 버드와이저 2병 가져다 드릴께요.

A: 화이트 러시안 한잔과 하이네켄 하나 주세요.

B: 병 맥주로 드릴까요? 아니면 생맥주로 드릴까요?

A: 병 맥주로 주세요. 감사합니다. 지금 계산해야 되나요?

B: 아니요, 손님 계산서에 올려 놓을께요. (또는: 네, 저희는 외상이 안됩니다.)

앤더스가 말하기를 "one plus one"은 콩글리쉬(broken English)래! 영어에는 그런 표현이 없다고 했어. 그 대신에 슈퍼마켓에 가보면 이런 싸인들을 볼 수 있지.

• two-for-one 1가격에 1 더   • buy one. get one free 한 개 구매하면 한 개 무료

5. 바(술집) 에서

A: I'd like a shot of Jack Daniels.

A: Can I get a beer?

B: It's Happy Hour now. Shots are two-for-one.

B: Do you have any ID on you?

A: Then I'll take two shots and a beer, please.

A: I have my passport. Is that OK?

B: Coming right up.

B: Yeah, that's fine.

해석

A: 잭 다니엘 샷 하나주세요.

B: 지금 해피 아워(특정 할인 시간대)입니다.
   한잔 가격에 한 잔 더 드려요.

A: 그럼 두 잔에 맥주하나요.

B: 바로 가져다 드리겠습니다.

A: 맥주주세요.

B: 신분증 있으세요?

A: 여권이 있는데 이것도 괜찮나요?

B: 네, 괜찮습니다.

Vocabulary

- bottle [bátl] 병
- run a tab 외상하다
- a shot 한 잔의 술

- draft beer [dræft biər] 생맥주
- two-for-one 하나 가격에 두 개

6. Talking about food

A: How are your spareribs?

B: They're delicious.
   The meat is so tender.

A: My steak is also cooked to
   perfection.

B: They must have a really
   good chef at this restaurant.

A: How's the soup?

B: Disgusting! It's completely
   cold.

A: Really?
   Mine is fine.

B: I'm going to ask a waiter to
   reheat it.

해석

A: 돼지 갈비는 어떤가요?
B: 맛있네요. 육질이 정말 부드러워요.
A: 제가 먹은 스테이크도 잘 구워졌어요.
B: 이 음식점 요리사가 대단한 것 같아요.

A: 스프 어때요?
B: 못 먹을 정도에요. 완전히 다 식었어요.
A: 그래요? 내 스프는 괜찮은데요.
B: 전 종업원한테 다시 데워달라고 해야겠어요.

Vocabulary

음식을 묘사하는 단어들

- bland [blænd] 특별한 맛이 안나는
- spicy [spáisi] 양념 맛이 강한
- warm [wɔːrm] 따끈한
- weak [wiːk] 묽고 밍밍한 맛
- greasy [gríːsi] 기름진
- hot [hɑt] 뜨거운, 매운
- strong [strɔ(ː)ŋ] 강하고 자극적인 맛
- salty [sɔ́ːlti] 짠
- tasty [téisti] 맛있는

6. 음식에 대하여 말하기

A: That burrito looks delicious.

A: Do your French fries taste good?

B: Yeah, it's really tasty. They put a lot of chili peppers in it.

B: They're OK, but a little bland.

A: Can you handle hot food?

A: Do you want some ketchup or salt?

B: Sure. I'm Korean, so I grew up eating spicy food.

B: Yes, please pass me the ketchup. But I don't like salty food.

해석

A: 저 부리토 맛있어 보이는데.

B: 맞아, 정말 맛있어. 이 음식점에서는 칠리 페퍼를 엄청 많이 넣어줘.

A: 너 매운 음식 먹을 수 있어?

B: 당연하지. 난 한국사람이라 매콤한 음식을 먹으며 자랐어.

A: 네 감자 튀김 맛있어?

B: 괜찮은 편인데 약간 싱겁네.

A: 케챱이나 소금이 필요하니?

B: 응, 케챱을 좀 건네줘.
그런데 난 짭짤한 음식은 좋아하지 않아.

Vocabulary

- tender[téndər] 부드러운
- chef[ʃef] 요리사, 주방장
- reheat[riːhíːt] (식은 음식등) 다시 데우다
- burrito[buríːtou] 멕시코 음식 이름
- cooked to perfection 완벽하게 요리가 된
- disgusting[disgʌ́stiŋ] 역겨운, 혐오스러운
- handle something ~을/를 다루다
- delicious[dilíʃəs] 맛있는

7. Paying for dinner

A: Thanks for dinner.

A: Dinner was great!

B: Glad you liked it. It's on me.

B: It's my treat.

A: No, I'd like to pay today.

A: Really, I can't accept that.

B: Really, I insist. You're my guest.

B: No worries. It's no trouble.

 해석

A: 저녁 잘 먹었습니다.

A: 저녁 식사가 너무 훌륭했어요!

B: 잘 드셨다니 다행이네요. 계산은 제가 할게요.

B: 제가 대접하겠습니다.

A: 아니에요. 오늘은 제가 사드리고 싶어요.

A: 아니에요, 그러지 마세요.

B: 정말이에요. 오늘은 제가 대접할게요.

B: 걱정 마세요. 별 거 아니에요.

 앤더스가 말하길 "Let's go Dutch."란 표현은 약간 구식의 표현이래. "Let's split the bill." 또는 "Let's pay separately"라고 말하는 것이 더 낫대. ^^;; 실제 생활영어에서는 좀 이상하게 들린다고 했어.

A: The dinner tasted great. I'm so full.

A: I'd like to treat you to dinner tonight.

B: I'll take care of the bill/tab.

B: Why don't I pay this time?

A: Are you sure? I'd like to pay for my share.

A: No, the meal was too expensive. Let's split the bill instead. That's more fair.

B: It's OK. You can buy me a drink later.

B: Ok. We'll pay separately this time.

 해석

A: 저녁 식사 잘 했습니다. 배불리 먹었어요.

B: 제가 계산할게요.

A: 정말요? 제가 먹은 것은 제가 계산할게요.

B: 괜찮아요. 나중에 술 한잔 사주세요.

A: 오늘 저녁은 제가 사드릴게요.

B: 이번엔 제가 사야죠.

A: 아니에요. 오늘 식사는 너무 많이 비싸요.
차라리 각자 계산합시다.
그게 더 공평하겠어요.

B: 좋아요. 이번엔 각자 계산하기로 하지요.

Vocabulary

- insist[insíst] 고집하다, 우기다
- full[ful] 가득히
- dinner[dínər] 저녁뿐 아니라 오후에하는 식사
- my treat[mai tri:t] 이번에는 제가 한턱 낼게요
- my share[mai ʃɛər] 내 몫

233

1)

| I'll have
저는 원합니다. | the ribs
갈비요리

the fudge brownie
퍼지 브라우니

the cheese burger
치즈버거 | with
~ 을/를
곁들인 | a side of mashed potato.
으깬 감자 한 접시

no whipped cream.
휘핑크림 없이

extra tomatoes.
토마토를 추가 |

또한 음식 외에 다른 추가 사항을 요구할 때 다음과 같은 표현을 할 수 있습니다.

2)

| Can I get
~을/를 주세요? | the check, 계산서
a new fork, 새 포크
some more napkins, 냅킨을 좀 더 | please? |

3)

| Could you get me
~을/를 가져다 주실 수 있나요? | another chair, 또 다른 의자
the menu, 메뉴판
a clean knife, 깨끗한 나이프 | please? |

음식점에서 무엇인가 요구하거나 요청할 때 가장 많이 쓰는 경우가 바로 "I'd like"로 시작하는 문장이다.

I'd like 주세요.	the cheeseburger 치즈버거	and 그리고	a coke 콜라 하나	please.
	the spaghetti carbonara 까르보나라 스파게티		a mineral water 생수 하나	
	the lunch combo 런치세트		a large Hawaiian punch 하와이안 펀치 큰 거 하나	
	today's special 오늘의 특선		a banana milkshake 바나나 밀크쉐이크 하나	
	two slices of cheesecake 치즈 케익 2 조각		a cup of coffee 커피 한 잔	

그러나 'I'd like'와 'I like' 두 표현에는 큰 차이가 있음을 알아두세요.

'I'd like'는 'I would like'의 축약형으로 무엇인가 원하는 것을 표현 할 때 사용합니다.

I would like a new pair of shoes. 나는 새 신발을 한 켤레 원합니다.

'I like'는 무엇인가 좋아하거나 즐기는 것을 말할 때 표현하거나 혹은 무엇인가 오랜 시간 동안 일반적으로 사실인 경우에 사용합니다.

I like dogs because they are loyal. 나는 개들이 충성스러워서 좋다.
I like peanuts more than chestnuts. 나는 밤보다 땅콩이 더 좋아.

다음의 두 형태를 혼동하지 마세요.

I like those shorts. 난 이 반바지가 좋아. : 난 이것을 즐기며 이것은 나를 즐겁게 합니다.
I'd like those shorts. 저 반바지로 사겠습니다. : 난 저 반바지로 사기를 원합니다.

음식점에서 '예약, 주문하기, 계산할 때' 말하는 다음의 표현 중 빠진 단어를 제시된 단어들 중에서 보충하세요.

❶ I'd like to _____ a reservation for Thursday.

❷ How many people in your _____?

❸ May I _____ your order?

❹ Please give me a _____ to decide.

❺ I'll _____ the burger and fries, please.

❻ Are you paying with credit card or _____?

❼ Would you like to pay separately or _____?

❶ 음식점에 전화를 걸어 예약을 해보세요. 여러분이 언제 도착하기를 원하는지 그리고 몇 명의
일행과 함께 식사를 할 것인지 말하세요. A, B로 나누어 연습해 보세요.

➡ _____

_____

_____

_____

❷ 손님과 직원의 역할을 해 보세요. 손님은 음식을 주문하고 직원은 주문의 확인도 해보세요.
다음과 같이 대화를 만들 수 있습니다.

Waiter: What would you like?

Customer: _____.

Waiter: I'm sorry, we don't have that today. Can I get you something
else?

Customer: _____.

❸ 여러분은 어떤 종류의 음식점을 가장 좋아하세요? 별로 좋아하지 않는 음식이 있나요?
먹을 음식을 묘사해보고 왜 그 음식을 선택했는지 이유도 말해주세요.

➡ _____

_____

_____

_____

❶ I'd like to _make_ a reservation for Thursday.

목요일로 예약을 하고 싶습니다.

❷ How many people in your _party_ ?

일행이 몇 분이세요?

❸ May I _take_ your order?

주문을 하시겠습니까?

❹ Please give me a _moment_ to decide.

결정해야 하니깐 좀 기다려주세요.

❺ I'll _have_ the burger and fries, please.

햄버거랑 감자튀김 주세요.

❻ Are you paying with credit card or _cash_ ?

신용카드로 계산 하시겠어요 아니면 현금으로 계산하시겠어요?

❼ Would you like to pay separately or _together_ ?

한꺼번에 계산 하시나요 아니면 각각 계산 하시겠습니까?

❶ Customer: Hello? I'd like to make a reservation.

Restaurant: At what time?

Customer: 7:30 p.m.

Restaurant: For how many people?

Customer: A party of 5.

Restaurant: Under what name?

Customer: Jay Baek. That's B-A-E-K.

손 님: 여보세요? 예약을 하고 싶습니다.
음식점: 몇 시 예약을 원하세요?

손 님: 7시 30분에요.
음식점: 몇 분으로 예약을 원하세요?

손 님: 저희 일행은 5명입니다.
음식점: 어느 분의 성함으로 예약을 해드릴까요?

손 님: 제이 백으로 해주세요. B-A-E-K 입니다.

❷ Waiter: What would you like?

Customer: I'll have the tomato pasta and some garlic bread.

Waiter: I'm sorry, we don't have that today. Can I get you something else?

Customer: Then, I'd like the cream pasta instead.

직원: 무엇으로 드시겠어요?
손님: 토마토 파스타와 마늘빵으로 하겠습니다.

직원: 죄송합니다. 그 음식은 오늘 안됩니다. 다른 것으로 하시겠습니까?
손님: 그러면 대신에 크림 파스타로 주세요.

❸ I like eating at foreign restaurants, for example Thai or Indian. Those flavors are so unique to me. Eating that kind of exotic food makes me feel like I'm in another world. In general, I like light food that isn't too bland. But I can't handle deep-fried food. It makes my skin break out.

저는 태국이나 인도 음식점과 같은 외국 음식점에서 식사하기를 좋아해요. 그 맛과 향은 저에게 매우 독특하고 특별하게 여겨집니다. 이러한 이국적인 음식은 마치 내가 또 다른 세상에 와 있는 듯한 느낌을 받게 합니다. 보통 저는 너무 싱겁지 않은 가벼운 음식을 즐기지만 기름진 튀김 요리는 좀 별로에요. 피부에 문제가 생기거든요.

13

DAILY LIFE AND EVERYDAY ACTIVITIES
일상과 매일의 활동

May 25th

I can't believe I've already been in America for one year!
Actually, America is no longer my "new country"
… because, I feel at home here now.
I can do anything or go anywhere comfortably.
I can talk to people without feeling uncomfortable.
My everyday activities are so easy.
I'm happily enjoying my daily life here in New York City!

Min-Su

5월 25일

내가 미국에 온 지 벌써 1년이 되었다니 믿어지지 않아.
사실 미국이 이젠 더 이상 나에게 "새로운 나라"가 아니야. 왜냐면 여기가 이젠 집처럼 편히 느껴지기 때문이랄까 …
이제 무엇이든지 편하게 할 수 있고 또 어디든지 편하게 갈 수 있어.
내 매일의 활동은 되게 쉬워.
난 이곳 뉴욕에서의 나의 매일의 삶을 기쁘게 즐기고 있어!

민수

1. At the bank

A: I'd like to open a new account.

A: I'd like to apply for a loan.

B: Of course. What kind of account would you like?

B: I don't think we can give you a loan. Your credit rating is too low.

A: I'm looking for a high-interest savings account.

A: What if my parents act as guarantors?

B: We have a great offer for you. This account offers you 3.2 % with easy access.

B: That might be possible. Please have them come in with you next time.

 해석

A: 계좌 하나 새로 개설하려고 합니다.

B: 네, 어떤 종류의 계좌를 원하세요?

A: 이자율이 높은 예금 계좌를 원해요.

B: 마침 고객님께 좋은 상품이 있습니다. 3.2%의 금리를 드리는 입출금이 자유로운 상품입니다.

A: 대출 신청을 하려고요 하는데요.

B: 고객님은 대출이 안되십니다. 신용이 너무 낮으시네요.

A: 부모님이 보증을 서시면 안될까요?

B: 그럼 가능할 수 있습니다. 부모님과 같이 다음주에 은행에 들러 주세요.

Vocabulary

- account[əkáunt] 계좌
- savings account[séiviŋ əkáunt] 예금 계좌
- credit rating[krédit réitiŋ] 신용등급
- high interest[hai íntərəst] 고금리
- easy access[íːzi ǽksès] 입출금이 자유로운, 출입이 편한
- guarantor[gǽrəntɔ̀ːr] 보증인

I. 은행에서

A: I'd like to sign up for a new credit card.

A: I'd like to exchange some money.

B: You can choose between Visa, MasterCard or American Express.

B: What currency would you like?

A: I'd like the MasterCard. They have the best benefits and rewards program.

A: I'd like to exchange these Korean won into U.S. dollars please.

B: Ok. Please fill out this paperwork while I prepare your card.

B: Our exchange rate is 1.120 Won to 1 Dollar.

 해석

A: 신용카드 하나 새로 신청하려고요.

B: 비자, 마스터 카드, 그리고 아멕스 카드 중 선택하실 수 있으십니다.

A: 마스터 카드로 할게요. 부가 혜택이 최고로 괜찮은 것 같아요.

B: 네. 카드 준비해드리는 동안 서류 작성을 좀 부탁 드립니다.

A: 환전을 좀 하려고요.

B: 어느 나라 화폐로 드릴까요?

A: 이 한국 돈을 미화로 바꿔주세요.

B: 환율이 1달러에 1,120원 입니다.

Vocabulary

• benefits and rewards program [bénəfits ənd riwɔ́ːrd próugræm] 부가 혜택 및 보상 프로그램
• paper work [péipər wəːrk] 서류작업
• currency [kə́ːrənsi] 현재, 지금, 통용되는
• exchange rate [ikstʃéindʒ reit] 환율

2. Clothes shopping

A: I'm looking for a new pair of shoes.

B: Business or causal?

A: I'd like to take a look at the latest sneakers.

B: Our sports shoes are over in aisle H.

A: Where can I find the children's section?

B: It's right over here, next to the register.

A: I like this shirt, but I'm not sure it will fit my nephew.

B: Don't worry. You can exchange it if you keep the receipt.

 해석

A: 신발 한 켤레를 찾고 있어요.

B: 출퇴근용으로 원하세요 아니면 편한 신발을 원하세요?

A: 신상 운동화를 보고 싶어요.

B: 스포츠용 신발은 H 통로에 있습니다.

A: 아동복 코너는 어디에 있나요?

B: 바로 계산대 옆쪽입니다.

A: 이 셔츠가 마음에 드는데 제 조카한테 맞을지 모르겠네요.

B: 걱정마세요. 영수증이 있으시면 교환이 가능합니다.

Vocabulary

- casual [kǽʒjuəl] 편한, 비격식의
- children's section [tʃíldrənz sékʃən] 아동용품 코너
- nephew [néfjuː] 남자 조카
- exchange [ikstʃéindʒ] 교환하다
- sneakers [sníːkərzʌp] 운동화
- register [rédʒistər] 등록하다, 기록하다
- aisle [ail] 통로
- receipt [risíːt] 영수증

2. 옷, 구두등 쇼핑하기

A: Do you have anything in a size small?

B: Sure! Are you looking for anything in particular?

A: I like this dress, but I'm not sure how it will look on me.

B: You can try it on in the dressing rooms over there.

A: What's "in" this season?

B: These new designer bags are selling quite well.

A: It's quite expensive. But I'll splurge on it! Is it possible to pay in installments?

B: No, but you can use your credit card to get a discount.

 해석

A: 어느 것이든 작은 사이즈 있나요?

B: 그럼요. 특별하게 찾으시는 상품이 있으신가요?

A: 이 원피스가 마음에 드는데 저한테 잘 어울릴지 어떨지 모르겠네요.

B: 저쪽에 있는 탈의실에서 한번 입어보실 수 있습니다.

A: 여긴 어떤 새로운(유행하는) 상품이 있나요?

B: 이 명품 가방이 엄청 잘 팔립니다.

A: 꽤 비싼 편이로군요. 하지만 확 지르겠어요! 할부로 살 수 있나요?

B: 아니요. 하지만 신용카드로 구입하시면 할인을 받으실 수 있습니다.

Vocabulary

- dressing room 탈의실
- splurge[splə:rdʒ] 돈을 물쓰듯 펑펑쓰다
- designer bags 명품 가방
- pay in installments[instɔ́:lmənt] 할부로 계산하다

3. Shopping for gifts

A: I'm looking for a gift for my girlfriend.

A: I need to buy a shirt for my brother.

B: Do you have anything in mind?

B: Do you know his size?

A: She likes perfumes. Can I try out some different ones?

A: I think he wears the same size as me. I'm a medium.

B: There are lots of samples on the table over there.
Try as many as you'd like.

B: Casual shirts and t-shirts are on the first floor. Dress shirts are on the second floor.

A: 여자 친구에게 줄 선물을 찾고 있어요.

B: 생각해 두신 상품이 있으세요?

A: 제 여자 친구가 향수를 좋아하니까 몇 가지 향을 맡아봐도 될까요?

B: 저쪽 테이블에 샘플들이 많이 있습니다. 원하는 만큼 뿌려보세요.

A: 제 남동생에게 줄 셔츠를 하나 사려고 합니다.

B: 남동생분의 사이즈를 아세요?

A: 저랑 같은 사이즈를 입어요. 미디움이요.

B: 캐주얼 셔츠와 티 셔츠는 1층에 있습니다. 정장용 셔츠는 2층에 있고요.

Vocabulary

- perfume[pə́ːrfjùːm] 향수
- samples[sǽmplz] 견본품
- a small/medium/large/extra large 소/중/대/특대 사이즈
- casual shirts/dress shirts 캐쥬얼 셔츠/정장용 셔츠

A: I'd like to buy a Mother's Day present.

B: Do you have a budget?

A: It doesn't have to be extravagant. Something in the 40 to 50 dollar range.

B: Then I'd recommend this basket of soaps and bath lotions. That's a popular item this Mother's Day.

A: I'm not sure if this cap will fit my boyfriend.
What is your return policy?

B: He can exchange it within two weeks. But we don't offer refunds.

A: That's fine. Could you gift-wrap it for me please?

B: Of course. Would you like a card with it too?

해석

A: 어머니의 날 선물을 사려고 하는데요.

B: 어느 정도의 가격대를 생각하고 계세요?

A: 너무 비싼 것 말고요 뭔가 40불에서 50불 정도면 좋겠어요.

B: 비누 한 바구니와 목욕용 로션을 묶어서 구성한 상품이 있습니다. 이번 어머니 날에 가장 인기 있는 상품이죠.

A: 제 남자 친구한테 이 모자가 잘 맞을지 모르겠네요. 여긴 반품 규정이 어떻게 되요?

B: 2주 이내에는 교환이 되는데 환불은 안됩니다.

A: 괜찮군요. 선물용 포장을 해 주실 수 있나요?

B: 물론이지요. 카드도 함께 넣어드릴까요?

Vocabulary

- a budget[bʌ́dʒit] 예산, 지출 비용
- the~to~range[reindʒ] ~에서 ~까지의 범위(가격대)
- return policy[ritə́ːrn pʌ́lisi] 환불규정
- gift-wrap[gift-ræp] 선물용 포장
- extravagant[ikstrǽvəgənt] 낭비하는, 사치스러운
- lotions[lóuʃən] 로숀
- refund[ríːfʌnd] 환불하다

4. Post office

A: Hello. I'd like to mail this postcard.

B: What country are you sending it to?

A: It's for Korea.

B: OK, then put these stamps on it, and throw it in that mailbox over there marked: "INTERNATIONAL"

A: I need to send an urgent package to Korea. How long will it take?

B: Regular land mail will take about 3 to 4 weeks. With airmail, it takes about 1 to 2 weeks.

A: Ah, that's too long. I'd better use a courier then.

B: You can also try our express delivery. It's more expensive, but will only take 3-4 business days.

해석

A: 안녕하세요. 이 엽서를 보내려고요.

B: 어느 나라로 보내시나요?

A: 한국이요.

B: 좋습니다. 그러면 이 우표를 엽서에 붙이시고 저 쪽에 "국제우편" 이라고 표시된 우편함에 넣어주세요.

A: 급하게 이 소포를 한국으로 보내야 하는데요. 도착하는데 시간이 얼마나 걸릴까요?

B: 일반 육상우편으로 보내시면 3주에서 4주 가량 걸리고 항공우편으로는 1에서 2주 정도 걸립니다.

A: 아, 너무 오래 걸리는군요. 국제 택배를 이용하는게 낫겠어요.

B: 저희의 특급 배송을 이용해보시죠. 더 비싸긴 하지만 영업일 기준으로 3~4일 정도밖에 걸리지 않습니다.

$4.90 올바르게 말하기

• four dollars ninety 4달러 90   (X)

• four dollars and ninety cents 4달러 90센트 = four, ninety 4, 90   (O)

A: I'd like to send this letter to California.

A: I'm not sure how I should send this package.

B: Oh, just a minute. You forgot to write the return address on the envelope.

B: What's the content of the package?

A: Sorry… Is it correct now?

A: I'm sending a few books as a present to my brother.

B: Yes, everything looks fine. That'll be 4 dollars and 90 cents.

B: Then I recommend EMS. You can use our tracking system to check the status of the package.

 해석

A: 이 편지를 캘리포니아로 보내려고 합니다.

B: 오! 잠시만 기다리세요. 편지 봉투 겉면에 반송용 주소를 쓰지 않으셨네요.

A: 죄송합니다. 이렇게 쓰면 되나요?

B: 네, 다 잘 쓰신 것 같아 보이는군요. 4불 90전입니다.

A: 이 소포를 어떻게 보내야 하나요?

B: 이 소포의 내용물이 무엇인가요?

A: 남동생(형, 오빠)에게 선물로 보낼 책 몇 권 입니다.

B: 그렇다면 EMS로 보내시는 것이 어떠하실지 요. 보내시는 소포의 배송 상황 추적시스템을 이용 하실 수 있습니다.

Vocabulary

- to mail 우편을 보내다
- mail box 우편함
- urgent[ɔ́:rdʒənt] 긴급한, 다급한
- land / surface mail[sɔ́:rfis meil] 보통우편
- tracking[trǽkiŋ] 길, 바퀴, 추적
- EMS = Express Mail Service
- stamp[stæmp] 우표
- package[pǽkidʒ] 소포, 꾸러미
- courier[kə́:riər] 운반원, 택배회사, 여행안내원
- envelope[énvəlòup] 봉투
- status[stéitəs] 신분, 지위, 상황

5. Hairdresser

A: How would you like your hair cut?

B: Short on the sides and in the back, but medium length on top.

A: Do you want your hair shampooed and waxed?

B: I'd like it washed. But after blow-drying it, could you use gel instead of wax?

A: How short do you want me to cut it?

B: About this much.
[손가락으로 길이를 표시하며]

A: OK, I'll trim the sides and thin it for you.

B: Keep the bangs / sideburns, please.

해석

A: 머리를 어떻게 잘라드릴까요?

B: 옆과 뒤는 짧게 해주시고요 윗쪽은 중간길이로 잘라주세요.

A: 샴푸하고 왁스도 발라드릴까요?

B: 머리를 감아주세요. 그런데 머리를 말려 주시고 왁스대신에 젤을 발라주실 수 있나요?

A: 길이는 얼마나 짧게 자를까요?

B: [손가락으로 길이를 표시하며] 한 이만큼 정도요.

A: 양쪽 옆 부분을 다듬어드리고 숱을 정리해 드릴께요.

B: 앞머리 / 귀밑 머리는 그대로 두세요.

실수 하기 쉬운 철자

• hair dyed[hɛər daid] = 머리카락을 염색하다   • hair died[hɛər daid] = 머리카락이 죽다

A: Which hairstyle would you like?

A: What can I do for you today?

B: I'd like my hair dyed. My dark roots are showing.

B: I want my hair curled/ straightened /permed.

A: Yes, I can tell it's been a long time since you had your hair colored.

A: Alright. But it might take up to 4 hours. Is that OK?

B: I'm starting to get gray hair as well, and have a lot of split ends.

B: I have time. Just let me know when it's time to take the curlers out.

 해석

A: 어떤 에어스타일을 원하세요?

B: 염색을 해주세요. 뿌리부분이 검게 올라오네요.

A: 네, 정말로 염색 하신지가 꽤 되신 것 같네요.

B: 흰머리가 나기 시작하고 머리카락 끝도 많이 갈라지네요.

A: 어떤 스타일로 해드릴까요?

B: 웨이브를 /스트레이트 파마를/웨이브 파마를 해주세요.

A: 네, 그런데 아마 4시간 정도 걸릴 것 같은데 괜찮으신가요?

B: 시간 많아요. 롤 푸를 때(거의 다 되면) 알려 주세요.

Vocabulary

- shampooed [ʃæmpúːd] 머리 감기
- blow-drying [blou-dráiiŋ] 드라이기로 말린
- bang [bæŋ] 앞머리
- split end [split end] 손상되어 끝이 갈라진 머리카락
- curlers [kə́rlər] 컬핀, 롤러(머리카락을 곱슬하게 만들기 위해 머리를 감는 도구)
- waxed [wæksd] 왁스 칠을 한
- gel [ʤel] 헤어젤
- sideburns [sáidbə̀ːrnz] 구렛나룻, 귀밑 머리
- perm/permed [pəːrm] 펌/펌을 한

251

6. Laundry

A: Could you help me wash these clothes? It's my first time in a Laundromat.

B: It's easy. Just put some coins in those washing machines over there.

A: What about the detergent and fabric softener?

B: You can buy packets of detergent from that machine, or just borrow some of mine.

A: I don't know what setting to choose for the washing machine.

B: Use cold water for sensitive or colored fabrics. You can use warm water for whites or for dirty clothes.

A: How long should I set the timer?

B: It depends on the amount of laundry you're washing. Just use one of these preset programs. That's easier.

해석

A: 이 옷들 세탁하는 것 좀 도와주실래요? 빨래방은 처음이라서 잘 모르겠네요.

B: 어렵지 않아요. 저쪽에 있는 세탁기에 동전을 넣으세요.

A: 세제와 섬유 유연제는 어떻게 하나요?

B: 저 기계에서 세제 한 상자 사시면 되요. 아니면 제 것을 조금 빌려 드릴께요.

A: 여기 세탁기에 어떤 설정을 선택해야 할 지 모르겠네요.

B: 약하거나 색깔이 있는 섬유는 찬물을 사용하세요. 흰옷이나 때가 많은 의류는 더운 물을 사용하시면 됩니다.

A: 이 타이머는 몇 분 정도 설정할까요?

B: 빨래의 양에 따라 달라지겠지요. 여기 이미 설정된 프로그램 중에서 하나 사용하세요. 그게 더 쉬워요.

Vocabulary

- laundromat[lɔ́ːndrəmæt] 세탁소, 빨래방
- timer[táimər] 타이머
- fabric softener[fǽbrik sɔ́(ː)fənər] 섬유유연제
- sensitive/colored[sénsətiv]/[kʌ́lərd] 예민한, 민감한 / 색깔이 있는
- detergent[ditə́ːrdʒənt] 세제
- preset[prìːsét] 미리 조정, 미리 정해진
- machine[məʃíːn] 기계

A: What should I do with these wet clothes?

A: What do you want me to do with your clothes?

B: Put them in the dryer over there.

B: Could you iron them over on that ironing board?

A: It looks like all the machines are occupied.

A: OK. I'll put them in this laundry basket when I'm done.

B: Then, take these clothespins, and hang your wet clothes on that clothesline.

B: Fold it neatly, otherwise the clothes will get creased.

 해석

A: 이 젖은 빨래를 어떻게 하면 되죠?

B: 저쪽에 있는 건조기에 넣으세요.

A: 모든 기계들이 다 사용중인 것 같아 보이네요.

B: 그렇다면 이 빨래집게들을 쓰세요. 빨래 줄에 젖은 빨래를 널어요.

A: 이 옷들을 어떻게 해드릴까요?

B: 저 다리미판에서 그 옷들을 다려주시겠어요?

A: 네. 다 되면 빨래 바구니에다 넣을게요.

B: 깔끔하게 접으세요. 그렇지 않으면 주름이 생길거에요.

Vocabulary

- dryer [dráiər] 건조기
- ironing [áiərniŋ] board [bɔːrd] 다림질 판
- creased [kriːst] (옷·종이 등이 구겨져 생긴) 주름
- clothespin(미국식) / clothes peg(영국식) [klóuðzpìn] / [klouðz peg] 빨래집게
- occupied [sélfák jupaid] 사용중인, 바쁜, 점령된
- laundry basket [lɔ́ːndri bǽskit] 빨래 바구니

7. Holidays

A: What are your plans for the holidays?

B: I'm meeting my family for Thanksgiving dinner.

A: Is it extended family or only your immediate family?

B: All my relatives are coming. We're expecting a lot of people.

A: What are you doing for the holidays?

B: I'm going away on vacation.

A: That's great! Where are you going?

B: I'm taking a trip to Bali with my girlfriend.

해석

A: 이번 연휴에 어떤 계획이 있나요?
B: 추석이라 가족들과 모여서 저녁 식사 하기로 했어요.
A: 친척들이 다 모여요? 아니면 당신의 가족끼리만요?
B: 모든 친척들이 다 올 거예요. 아마 되게 많이 올 것 같아요.

A: 이번 연휴 때 뭐 할거에요?
B: 휴가 가려고요.
A: 좋네요! 어디로 가세요?
B: 여자 친구와 발리로 여행가요.

Vocabulary

• extended family [iksténdid fǽməli] 대가족, 확대가족 • immediate family [imíːdiət fǽməli] 직계가족
• relatives [rélətivz] 일가친척

7. 휴일

A: Do you have any plans for the holidays?

A: Are you going anywhere for the holidays?

B: I have some fixed traditions with my family for Christmas.

B: No, I think I'll just stay in New York.

A: Really? How do you guys celebrate Christmas?

A: Why? It's a long holiday. You could travel somewhere.

B: We always meet at my mother's house on Christmas Eve.

B: The holiday traffic is terrible. I don't want to deal with that headache.

 해석

A: 연휴에 계획이 있으세요?

B: 늘 하던 대로 가족들과 함께 크리스마스를 보내야죠.

A: 그래요? 크리스마스를 어떻게 보내시나요?

B: 우린 항상 크리스마스 전 날 어머니 댁에서 만나요.

A: 연휴 때 아무데도 안가요?

B: 안가요. 그냥 뉴욕에 있을 것 같아요.

A: 왜요? 연휴가 기니까 어디로 여행을 가세요.

B: 연휴 교통 체증이 엄청 나잖아요. 차가 막히는건 너무 짜증나거든요.

Vocabulary

• fixed traditions [fikst trədíʃən] 전통 관습
• a headache [ei hédèik] 두통, 짜증남

• holiday traffic [hálidèi træfik] 연휴의 교통체증

1)

I recommend 추천합니다	buying 구입하는 것을 getting 사는 것을 choosing 택하는 것을	the cheaper one 저렴한 것으로 a faster computer. 더 속도가 빠른 컴퓨터를 express mail. 빠른 우편을

2)

What are you 무엇을 ~인가요	doing 하다 eating 먹다 buying 구입하다	for ~기간 동안에, ~로	the holidays? 휴일 dinner? 저녁식사 your dad's birthday? 당신 아버지의 생일 선물로
Where are you 어디로 ~하나요	traveling 여행 going 가다	for ~기간 동안에, ~로	New Year's? 새해 your honeymoon? 신혼여행

3)

How would you like 어떻게 ~ 하기를 원하세요	your steak 당신의 스테이크가 your hair 당신의 머리모양이 your drinks 당신이 음료가 your package 소포가	cooked? 요리되다 cut? 잘라지다 prepared? 준비되다 sent? 보내지다

4)

You 당신은	can ~ 하면 됩니다 have to ~ 해야 합니다. can't ~ 하시면 안됩니다 should ~ 하셔야 합니다	exchange it 이것을 교환하다 finish it 이것을 마무리하다 open it 이것을 개봉하다 eat it 이것을 먹다	within ~ 이내로 by ~ 까지 until ~ 까지 before ~ 전에	two weeks. 2주 the deadline. 마감시간 Christmas Eve. 성탄절 전날 it melts. 녹다

Extra Lesson 2

1. 명령하거나 지시하기.

보통 문장은 다음과 같이 주어 + 동사 + 목적어의 어순을 취합니다.

She	bought	a new pair of pants.
그녀는	샀습니다	새로운 바지 한 벌을
(주어)	(동사)	(목적어)

하지만 무엇인가를 요청하거나 지시할 때는 '명령문'이라는 다른 형태의 문장 구조를 사용합니다.

1) 동사 원형으로 시작하는 표현

Watch out! 조심해요!　　　　　　　**Shut up!** 조용히 하세요!

2) 명령 형태의 동사와 목적어의 결합

Add the soap. 비누를 보충하세요.　　　**Eat your lunch!** 점심을 먹어요!

이런 형태는 상대방에게 당신을 위하여 무엇인가를 하도록 원할 때 유용합니다. 이런 표현은 상당히 직설적이므로 주로 'please'라는 단어를 함께 사용하여 좀 더 공손함을 표현합니다.

Please gift-wrap this for me. 선물용으로 포장해 주세요.

Cut it shorter in the back, please. 뒤쪽을 좀 더 짧게 잘라주세요.

2. "Sorry", "Excuse me" and "Pardon me"

"sorry"는 실수에 대한 사과 혹은 유감이나 후회의 표현으로 사용합니다.

Sorry, I didn't mean to hurt your feelings. Please forgive me.

당신의 감정을 상하게 하려는 의도는 아니었어요. 저를 용서해주세요.

"Excuse me" 혹은 "Pardon me"는 많은 사람들로 복잡한 공간의 틈 사이를 지나치며 미안함을 표현하거나 혹은 모르는 사람에게 말을 걸기 위해 다가가 그 사람을 주목을 원할 때 등 누군가의 이목을 집중시키기 위하여 사용하기 유용한 표현입니다.

Excuse me, do you know where the changing rooms are?

실례합니다. 탈의실이 어디에 있는지 아세요?

Pardon me, could you pass the napkins, please?

미안하지만 냅킨을 좀 건네주시겠어요?

Thomas' 말하기 쓰기
Exercises 아래의 단어들을 맞는 칸에 써 넣으세요.

bank	
gifts	
shopping	
holidays	
laundry	
hairdresser	
post office	

- tracking system
- blow-drying
- return policy
- rewards program
- traditions
- designer brand
- wrapped
- ironing board
- samples
- dark roots
- detergent
- celebrate
- bangs
- currency
- return address
- stamps
- colored fabrics
- meet relatives
- dressing room
- high interest account

❶ 옷을 살 때 백화점의 직원에게 조언을 청해보세요. 여러분이 어떤 종류의 옷을 찾고 있는지 말하세요. 그러면 직원은 당신이 원하는 사이즈와 색깔 그리고 스타일을 물어봅니다.

➡ _____

_____

_____

_____

❷ 누군가를 위하여 선물을 구입하세요. 누구를 위한 선물을 구입할 것입니까? 어떤 이유로 선물을 구입하나요? 그들은 어떤 종류의 선물을 원하며 그 이유는 무엇입니까?

➡ _____

_____

_____

_____

❸ 다음 휴가의 계획은 무엇입니까? 학급의 짝에게 여러분은 어디로 갈 것인지, 무엇을 할 것인지, 누구와 함께 시간을 보낼 것인지, 말해보세요.

➡ _____

_____

_____

_____

Thomas' Exercises *Answers*

bank	**rewards program** 보상 프로그램 **currency** 화폐 **high interest account** 고금리 계좌
gifts	**return policy** 환불규정 **wrapped** 포장하다 **samples** 견본
shopping	**dressing room** 탈의실 **designer brand** 명품
holidays	**traditions** 전통 **celebrate** 축하하다 **meet relatives** 친척들을 만나다
laundry	**detergent** 세제 **colored fabrics** 색깔 있는 섬유 **ironing board** 다리미 판
hairdresser	**dark roots** 검은 뿌리부분 **blow-drying** 머리 말리기 **bangs** 앞머리
post office	**return address** 반송용 주소 **stamps** 우표 **tracking system** 추적시스템

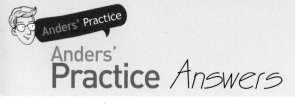
❶ Customer: Where are the women's jeans?
Store: Over in this section.
Customer: I'm looking for a dark pair of jeans.
Store: In what size?
Customer: A size 6 or 8 … I'm not sure.
Store: You can try them on in the changing rooms over there.

고객: 여성용 청바지는 어디에 있나요?   고객: 6아니면 8인데… 정확하지는 않아요.
직원: 이 구역의 저쪽에 있습니다.   직원: 그러면 저쪽에 있는 탈의실에서
                                         한 번 입어보세요.

고객: 저는 진한 색 청바지를 찾고 있어요.
직원: 사이즈는요?

❷ Shopper: I'm looking for a gift for my husband. It's his birthday.
Store: Do you have anything in mind?

Shopper: He's a big sports fan.
Store: Then, I'd recommend this baseball DVD (Digital Video Disc). We
      can giftwrap it for you.

고객: 남편에게 줄 선물을 사려고 해요. 생일이거든요.
직원: 특별히 마음에 두고 계신 상품이 있으세요?

고객: 남편이 운동을 엄청나게 좋아해요.
직원: 그러시면 이 야구 DVD를 추천해드릴게요. 선물 포장도 해드립니다.

❸ This Chuseok holiday, my family and I are going away on vacation.
We don't get the chance to travel together often. Since Chuseok is
a long holiday this year, we wanted to take advantage of it. Some
people think it's strange to go abroad during the holidays. But we
don't really have any special Chuseok traditions in my family. So
we'd rather spend the holidays on a sunny beach than in a crowded
kitchen!

이번 추석 연휴에 가족과 저는 휴가를 갈 것입니다. 우리 가족은 자주 함께 여행 할 기회가 없
었거든요. 올해는 추석 연휴가 길다는 점을 이용하기를 원했어요. 어떤 사람들은 명절 연휴에
외국 여행을 간다는 것이 이상하다고도 말합니다. 하지만 저희 가족들은 명절에 특별히 하는
것이 없어요. 그래서 우리는 복잡한 부엌에서 시간을 보내기 보다는 햇볕이 내리쬐는 해변가에
서 시간을 보내는 편이 더 낫다고 생각합니다.

뜻	영국식 영어	미국식 영어
바지	trousers	pants
스웨터 (주로 편물로된 상의)	jumper / pullover / sweater / jersey	sweater
장화 (우천 또는 사냥용)	wellington boots / wellies	galoshes / rain boots
비옷, 방수 외투	mac (속어 macintosh)	rain coat
운동화	trainers	sneakers
기저귀	nappy	diaper
지우개	rubber	eraser
축구	football	soccer
압정	drawing pins	pushpins or thumbtacks
횡단보도	zebra crossing / pedestrian crossing	crosswalk
대형 트럭	lorry	truck
휘발유	petrol	gas / gasoline
인도, 보도	pavement	sidewalk
아파트	flat	apartment
부드러운 빵 또는 과자류	biscuit	cookie
단것들 (사탕류)	sweets	candy
소시지	sausage / banger	sausage
감자칩	crisps	potato chips
막대썰기한 감자를 튀김	chips	french fries
전채요리 (식전 음식)	starter	appetizer
막대 얼음과자	ice lolly	popsicle
계산서, 청구서	bill	check

뜻	영국식 영어	미국식 영어
화장실	the toilet / loo / the john	bathroom / restroom
친구 (단짝)	friend / pal / mate	friend / buddy
출납, 회계원 (계산원)	cashier	teller
일회용 반창고	plaster	band-aid
가을	autumn	fall
공휴일	bank holiday	national holiday
돈 (파운드, 달러)	quid (속어 pound)	bucks
영화	the cinema	the movies
빨래집게	clothes peg	clothespin
유아용 고무젖꼭지	dummy	pacifier
쓰레기통	dustbin	trash can
1층	ground floor	first floor
방학 (휴가)	holiday	vacation
승강기	lift	elevator
미친, 정신 이상의	mad	crazy
고속도로	motorway	highway
우체통	postbox	mailbox
우편번호	postcode	zip code
대중적인 술집	pub	bar
왕복표	return ticket	round-trip ticket
수신인 요금 지불 통화	reverse charge	collect call
쓰레기	rubbish	garbage, trash
지하철	tube / underground	subway

01 **You bet!** 물론이지! (바로 그거야!)

02 **Suit yourself.** 당신 좋을대로 하세요.

03 **Give me a second.** 잠시만 시간을 좀 주세요.

04 **Leave me alone!** 나를 좀 내버려두세요!

05 **It's not my cup of tea.** 제 취향이 아니에요.

06 **What you see is what you get.** 당신이 본 대로 느끼는 대로 입니다. (주로 첫인상에서)

07 **Don't take it for granted.** 당연하게 생각하지 마세요.

08 **I made it in the nick of time.** 겨우 시간에 딱 맞춰 일을 해냈어요.

09 **Take it or leave it.** 받아들이든지 아니 그냥 두고 가든지. (싫으면 그냥 관두세요.)

10 **Over my dead body!** 죽어도 안 돼! (내 눈에 흙이 들어가기 전에는 안돼!)

11 **She's playing hard to get.** 그녀는 마음을 잘 주지않고 팅기네요. (그녀는 밀당을 해요.)

12 **Never mind!** 걱정하지 마세요! (신경쓰지 마세요!)

13 **Take your time.** (서두르지 말고) 천천히 하세요.

14 **Help yourself.** (음식 등을) 마음껏 드세요.

15 **That's the spirit!** 바로 그 정신이야! (그러니 그대로 밀고 나가세요!)

16 **It's a piece of cake.** 너무 쉬운 일이에요. (식은 죽 먹기)

17 **He's all talk.** 그는 말뿐인 사람이에요. (말만 하고 실천하지 않아요.)

18 **It was meant to be.** 그것은 그리 되기로 예정되었던 것. (운명으로 되어진 일이에요.)

19 **It's harder than it looks.** 그것은 보기보다 어려워요.

20 **Never say never.**
절대 그런 일이 안 일어난다고 말하지 마요. (세상 일은 어찌될지 모르는 법이니까)

21 **You are the boss! It's up to you.** 당신이 주인, 주인 마음대로 하세요.

22 **Long time, no see.** 오랜만이야.

23 **You read my mind.** 너는 내 마음을 읽는구나.(내가 원하는 걸 잘 아는구나.)

24 **Are you out of your mind?** 정신이 나갔어? (제정신이야?)

25 **Does it ring a bell?**   기억 안나? 들어본적 있지 않아?

26 **Don't sweat it. / No sweat.**

(상대방의 감사,부탁에 대하여) 뭘 그런걸 갖고 그래. (별거아냐, 문제없어)

27 **Look on the bright side.**   긍정적으로 생각해봐.

28 **I got goose bumps.**   나, 소름 돋았어.

29 **Well, it depends…**   글쎄요. 사정에 따라 다른데요…

30 **It's nothing special.**   별거 아녜요. (그냥 그래.)

31 **She's full of it.**   그녀는 함부로 되는대로 말해.

32 **What's up?**   무슨 일이야? (잘 지냈어?)

33 **If you insist.**   당신이 굳이 원하신다면 …

34 **Take it easy.**   일을 쉬엄쉬엄 하세요. (걱정마, 잘 가요 등)

35 **What's the rush?**   무얼 그렇게 허둥대지? (서둘지 않아도 돼.)

36 **Are you serious?**   정말이에요? (진심으로 그렇게 말하는 거에요?)

37 **I don't get it.**   잘 모르겠어요. (이해할 수 없어요.)

38 **All's well that ends well.**   끝이 좋으면 다 좋은 법

39 **It's better than nothing.**   아예 없는 것보다는 나아요.

40 **Don't mind me.**   (제 걱정은 마시고) 마음대로 하세요.

41 **Make yourself at home.**   (내 집처럼) 편하게 있으세요.

42 **Are you kidding? / You must be kidding!**   장난해? (농담이지?)

43 **That's easier said than done!**   행동보다 말이 쉽지!

44 **It's nothing like I'd thought it would be.**   내가 생각한대로 전혀 되지 않아.

45 **It's a once in a lifetime opportunity.**   일생에 단 한번 뿐인 기회야.

46 **Check it out.**   잘 들어봐. (확인해봐.)

47 **Don't be chicken!**   너무 겁먹지 마! (두려워 도망치지 마!)

48 **Better late than never.**

(사람, 성공 등이) 아예 안 오는 것보다는 늦게라도 오는 것이 낫다.

토마스와 앤더스의

영어 **파파라치!**

도처에 널려있는 한국식 영어 오류들, 누가 좀 고쳐주세요!

- 동네 상점에서 공공기관의 안내문까지, 때론 황당하고 때론 부끄러운 영어실수들
- 간판, 표지판, 홍보물의 오류들로부터 영어를 쉽게 배우는 책!

저자 | Thomas & Anders Frederiksen
번역 | Carl Ahn

(주)진명출판사   www.jinmyong.com

가격 10,000원

토마스와 앤더스의

착한 1·2·3 쉬운 생활영어

Pure and Simple Easy, Everyday English

한 단어, 두 단어, 세 단어로 말할 수 있는
간단한 표현들!

착한 영어 시리즈 3

MP3 파일
무료
다운로드
www.jinmyong.com

저자 | Thomas & Anders Frederiksen
번역 | Carl Ahn

(주)진명출판사

가격 10,000원

토마스와 앤더스의

착한여행 영어일기

Pure and Simple English Travel Diary

남미편

브라질, 아르헨티나, 칠레, 페루, 볼리비아

여행일기를 통해 어렵기만 했던 장문독해를 쉽고, 재미있게!

착한 영어 시리즈 **4**

저자 | Thomas & Anders Frederiksen
번역 | Carl Ahn

VM (주)진명출판사

가격 12,000원

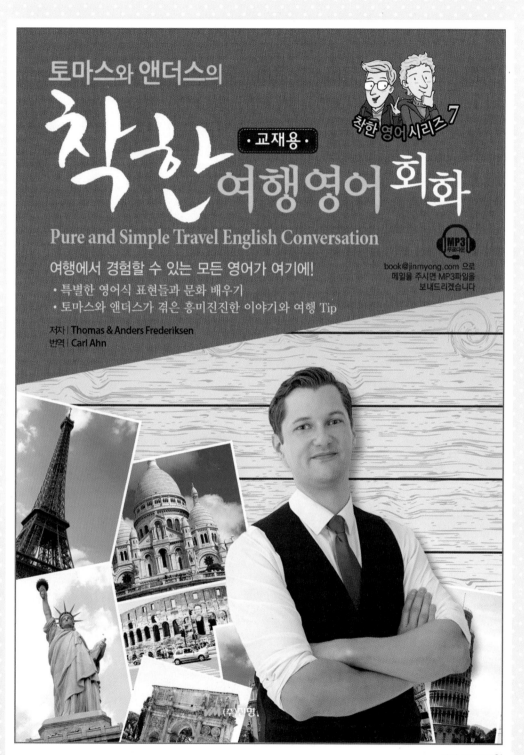

토마스와 앤더스의

착한 여행영어 회화

·교재용·

착한 영어시리즈7

Pure and Simple Travel English Conversation

여행에서 경험할 수 있는 모든 영어가 여기에!

- 특별한 영어식 표현들과 문화 배우기
- 토마스와 앤더스가 겪은 흥미진진한 이야기와 여행 Tip

저자 | Thomas & Anders Frederiksen
번역 | Carl Ahn

MP3
무료다운

book@jinmyong.com 으로
메일을 주시면 MP3파일을
보내드리겠습니다

가격 15,000원

(주)진명출판사

 viM (주)진명출판사

토마스와 앤더스의

착한 미국영어회화

착한 영어 시리즈 9

Pure and Simple Real American English

남녀노소 누구나 쉽고 재밌게!

• 미국인들이 즐겨 사용하는 관용어 회화들!
• 미국의 문화, 관습, 에티켓, 비속어 등 수록!

저자 | Thomas & Anders Frederiksen
번역 | Carl Ahn

MP3 무료다운
jinmyong.com   MP3 CD

Thomas

Anders

ViM (주)진명출판사

가격 15,000원

ViM (주)진명출판사

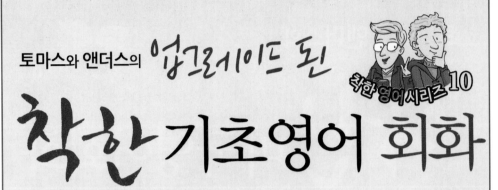

토마스와 앤더스의 업그레이드 된

착한 영어시리즈 10

착한 기초영어 회화

Pure and Simple English UPgrade

기초에도 급이 있다. 언제까지 왕기초만 공부할 것인가?
이젠 기초에도 업그레이드가 필요할 때입니다.

MP3 무료다운
jinmyong.com

저자 | Thomas & Anders Frederiksen
번역 | Carl Ahn

Anders

USA

Thomas

(주)진명출판사

가격 15,000원

(주)진명출판사

토마스와 앤더스의

착한 서비스영어

Pure and Simple Service English

서비스업에서 외국인 고객과 대화하는 데
꼭 필요한 영어 표현 익히기!

저자 | Thomas & Anders Frederiksen
번역 | Carl Ahn

착한 영어시리즈 11

MP3
무료다운

jinmyong.com

(주)진명출판사

가격 15,000원

(주)진명출판사

토마스와 앤더스의

착한 팝송에서 배우는

영어회화

Pure and Simple Pop Song English

저자 | Thomas & Anders Frederiksen
번역 | Carl Ahn

QR코드로
노래를
들어보세요

ⅧⅣ (주)진명출판사

가격 18,000원

ⅧⅣ (주)진명출판사

토마스와
최은서의

착한
왕초보영어

저자 | 최은서, 토마스 프레드릭슨

MP3
무료다운

book@jinmyong.com

당신의 영어 실력이 왕초보라도 걱정하지 마세요!
이 책은 부담없이 재미있게 시작할 수 있는
왕초보 필수 학습서입니다.

(주)진명출판사

가격 15,000원

(주)진명출판사

July 1st ▶ 27th, 2022

Carl & June's Alaskan Road Trip

Carl과 June의 Alaska 자동차 여행일기

Murrieta, California → Homer, Alaska 　　　　7,986 miles (12,777 km)　Over 27 days

Completing
the Next-to-Last Item
On My Bucket List

나의 버킷리스트
마지막에서
두 번째 것을 완성!

77 years young Korean
Carl, Kwangyong Ahn

77세 한국젊은이 안광용 저

가격 15,000원

VM (주)진명출판사